ちくま新書

ルポ 入管

——絶望の外国人収容施設

平野雄吾
Hirano Yugo

1521

ルポ 入管——絶望の外国人収容施設【目次】

第一章
夫、あるいは父の死

2年2カ月ぶりに東日本入国管理センターから解放された四男ベラット(左)と抱き合う母ヌリエ・バリバイ=2018年7月、茨城県牛久市

†公園

住宅街の公園に柔らかな日差しが降り注ぐ。風が木々を揺らし、木の間から、ちらちらと陽光が差し込む。モチノキ、キンモクセイ、ケヤキ……。公園のぐるりを街路樹が囲う。ヌリエ・バリバイ（五九）はこの日も前川第5公園（埼玉県川口市）を訪れた。ブランコが揺れ、子どもたちの遊ぶ声が響く。レジャーシートを広げ、くつろぐ家族連れも目に入る。砂利や芝生の上を、足を引きずりながらヌリエはゆっくりと歩く。恰幅の良さからは子ども八人を産んだ母親の貫禄がにじみ出る。モチノキの下に置かれたベンチに腰を下ろし、つぶやいた。

「きょうも来たよ。元気かい？」

ヌリエは目を閉じ一人、自分の世界にふける。

トルコ少数民族クルド人のヌリエが同国南部ガジアンテプを離れ、家族と共に来日したのは二〇〇七年だった。夫ムスタファ・バリバイがトルコ治安部隊から拷問を受け、一家全体に迫害の恐れがあるとして日本政府に保護を求めた。だが、難民申請は認められず、在留資格のない非正規滞在のまま今に至る。入管当局からは「不法滞在だ。国に帰れ」と脅され続ける。一応、社会生活は送れているが、「仮放免」という立場で、就労は禁止され健康保険にも加入できない。

この間、子どもたちは入管当局に相次いで身柄を拘束され、トルコ人との乱闘騒ぎに巻き込まれ重傷を負った。そして夫ムスタファは自殺した。享年五六歳。首を吊った場所は前川第5公園のモチノキだった。以来、ヌリエは毎日、自宅マンションから徒歩五分ほどにあるこの公園にやって来る。ベンチに座り、薬指にはまった金の指輪に目をやる。ムスタファが買ってくれた大切な結婚指輪。ガジアンテプの宝石店を二人見つめ合いながら回ったのは何年前になるだろうか。

†拷問

トルコ南部ガジアンテプ県テキルシン村。ジャンダルマ(トルコ憲兵)は一九九九年一〇月、この村のクルド人の多い地区を急襲した。数十人でバリバイ一家の自宅を囲み、中に踏み込む。

「ムスタファ・バリバイはいるか」

昼下がり、紅茶を飲みくつろぐ家族の団らんに鈍い声が響いた。家の中を荒らし、ムスタファに手錠をかけるジャンダルマ。地区に住むほかのクルド人男性数人と共に、腰にロープを巻き付け、装甲車両で引きずりながら地区を連れ回した。

「みんなに見せて恐怖心を植え付けるために、ゆっくりと走っていきました」

ヌリエは恐怖と屈辱の光景を振り返る。クルド系メディア、オズギュル・ポリティカ(当

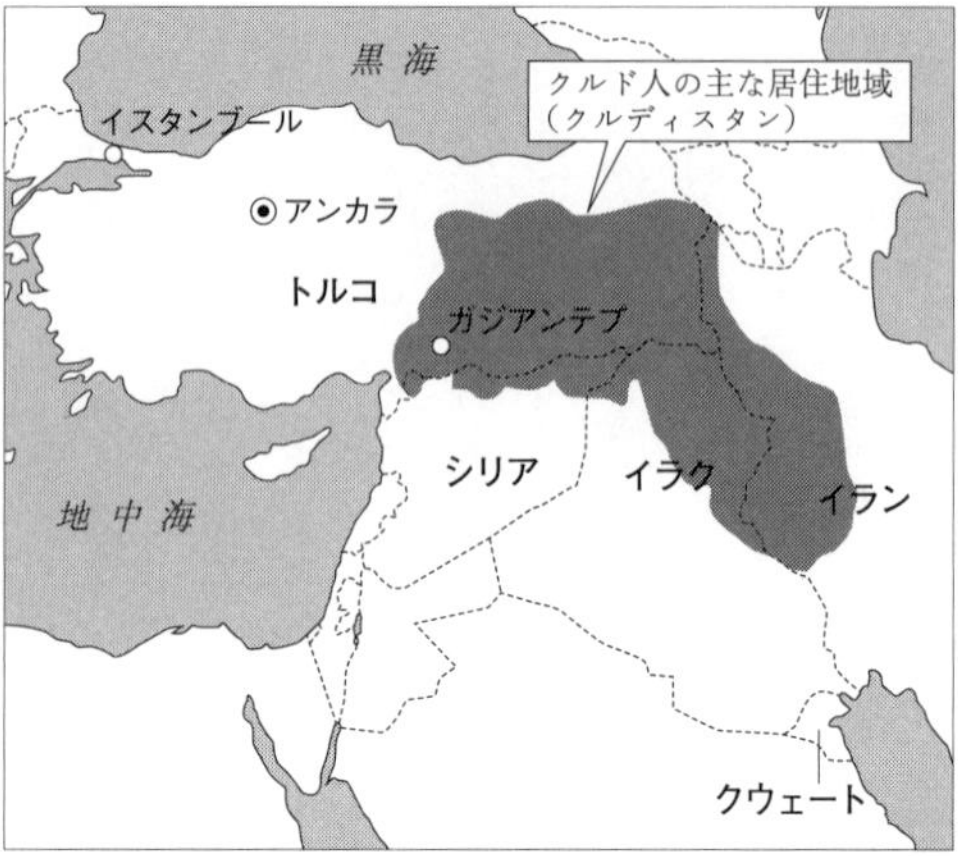

時）は一九九九年一〇月二九日、ムスタファ・バリバイら四人の実名を挙げて、次のように報じた。

「ジャンダルマの説明では非合法組織クルド労働者党（ＰＫＫ）を支援していたとして、ガジアンテプ県で一〇月二五日に拘束された」

七歳だった三男マズルム（二七）にも当時の記憶が残っている。

「ロープでパパが引っ張られてみんなびびったよ。窓は全部割られるし、家の中のものは布団や家財道具、タオルとかまで全部外に放り出されたんだ」

ヌリエら家族によると、ムスタファが解放され帰宅したのは二カ月後の一二月下旬だった。背中にみみず腫れのような黒ずんだ数センチの跡が無数にある。

「電気をかけられた」

ムスタファの震える声に家族の誰もが返す言葉を持たなかった。一緒に拘束されたクルド人の中には、睾丸を損傷した男性や奥歯を折られた男性もいる。電気ショックに加え、水責めの拷問もあった。以来、ムスタファの手は時折震えるようになり、日常生活に支障を来し始めた。突然激高し、子どもたちに手を上げる。奇声を発し走りだす。感情のコントロールが利かなくなったと家族は口をそろえる。精神疾患は誰の目にも明らかだった。

「神経のシステムが壊れたようだった」

長男バッカス（三五）は解放後のムスタファをこう表現した。優しい夫、あるいは父の面影は消えた。トルコ政府が進めた対テロ作戦の現場からの証言である。

†受難

固有の言語や文化を持つクルド人は「国家を持たない最大の民族」と呼ばれている。トルコやイラク、イラン、シリアにまたがる地域に二〇〇〇万〜三〇〇〇万人が暮らすが、各国でいずれも少数派だ。人口約八二〇〇万人のトルコには、一〇〇〇万人以上のクルド人が南部や南東部を中心に生活するが、有形無形の差別、抑圧の下で「二級市民」の立場を余儀なくされている。

中東を広く統治したオスマン帝国は第一次大戦で敗北し、英国やフランスなど連合国と一九二〇年にセーブル条約を締結、帝国は事実上解体されクルド国家の樹立が明示された。だがトルコ共和国が成立すると状況は一変、一九二三年に新たにローザンヌ条約が結ばれ、クルド独立国家の夢は幻となった。

新生トルコ共和国は世俗主義とナショナリズムという欧州型の国民国家の建設を目指した。「単一民族神話」の出現である。同化政策を進めクルド人を徹底して弾圧、「山岳トルコ人」と呼び、少数民族としての存在さえ認めなかった。クルド語の使用も禁止。反乱は度々発生したが、いずれもトルコ軍が鎮圧している。

一九七八年、アブドラ・オジャランらがマルクス・レーニン主義によるクルドの独立国家樹立を掲げクルド労働者党（PKK）を結成、クルド民族運動は新たな局面を迎えた。オジャランらは隣国シリアやシリア軍の影響力が強かったレバノン東部ベカー高原にPKKの拠点を構え、戦闘員の訓練を始める。一九八四年には武装闘争を開始、越境してトルコ治安部隊との間で武力衝突を繰り返した。これまでに巻き添えとなった犠牲者は民間人を含め四万人に上るとされている。約四〇〇〇のクルド人集落が破壊され、一〇〇万人のクルド人が家を追われたとも指摘される。

トルコ政府はPKKをテロ組織に指定したが、クルド人の間では、PKK支持者も増えていった。PKKはトルコ国内、あるいは欧州のトルコ関連施設へのテロを相次いで実行、米政府は一九九七年、PKKをテロ組織に指定、欧州連合（EU）も二〇〇四年にテロ組織のリストに追加した。

一九九〇年代以降、ＰＫＫはテロやトルコ治安部隊への攻撃を強化する一方で、ソ連崩壊という環境変化も影響し、クルド独立国家の樹立という目標を軌道修正、「民主的な自治」を掲げ始める。また、トルコ政府にも対クルド問題で変化が生じていた。オザル大統領が一九八九年、自らにクルドの血が流れていると言及、一九九二年にはデミレル首相が正式にクルド人の存在を認めたのである。人民労働党（ＨＥＰ）や人民民主主義党（ＨＡＤＥＰ）などクルド系政党が合法政党として初めて誕生したのも一九九〇年代だった。しかし、ＨＥＰ所属議員が一九九一年、国会でのクルド語の使用を巡り国家反逆罪で起訴され、最終的に禁錮一〇年の判決を言い渡されるなどクルド人が抑圧される状況は続いた。

シリア政府は一九九九年、トルコ政府との関係悪化を懸念しオジャランを追放、オジャランはギリシャやイタリアに逃れた後、最終的にケニアの首都ナイロビで逮捕された。終身刑となり、現在はトルコ最大都市イスタンブールに近いマルマラ海のイムラル島に幽閉されている。オジャラン逮捕はトルコ政府にとって対ＰＫＫ掃討作戦の大きな成果だったが、約二〇年にわたるＰＫＫ幹部のシリアでの活動は副産物を残した。二〇〇三年、シリアに残るオジャラン支持者が民主連合党（ＰＹＤ）を結成したのだ。ただ、ＰＹＤが二〇一一年以降のシリア内戦で大きな勢力圏を築き、トルコ政府の懸念材料となるのはしばらく先の話である。

ムスタファとヌリエはガジアンテプ県テキルシン村で生まれ育った幼なじみだった。一九五九年生まれのムスタファと二歳年下のヌリエ。幼少時代から家業の羊飼いを手伝う中で、思春期になると恋に落ち一九七八年、結婚に至る。周囲に反対されたが、二人で集落を抜け出す〝駆け落ち〟を強行、両家に認めさせたとヌリエは笑う。

同年、ＰＫＫがトルコ南東部ディヤルバクルで旗揚げされ、クルド人の多く暮らす地域では緊張が高まった。バリバイ一家は翌年、覆面の男たちに襲撃されている。生前、父から話を聞いたという長男バッカスが語る。

「深夜、家族が就寝中に突然、黒い覆面の男数人が侵入して無差別に発砲して、パパ（ムスタファ）のお父さんとパパの兄弟（伯父）が撃たれて死んだんだ。パパやパパのお母さんは窓から逃げたらしい。ママ（ヌリエ）はそのとき、たまたま現場にいなくて無事だった」

ムスタファは羊飼いのほか、左官や建設の仕事、さらにはトマトやキュウリなど野菜栽培も手がけながら生計を立てた。長女アイジャンが一九八一年に生まれ、一九八四年には長男バッカスが誕生するなど二〇〇〇年までに男の子四人、女の子三人の父親になった。クルド人とし

写真１／トルコ・ガジアンテプで暮らしていたころのムスタファ・バリバイ（右端）、ヌリエ（右から２人目）らバリバイ一家
（ベラット・バリバイ提供）

てのアイデンティティを強く持つムスタファはクルド語の本や雑誌を愛読、クルドの音楽をよく聴いていたと家族は振り返る。子どもたちにもクルド人の歴史を教えた。

「パパはアフメット・カヤ（フランスに亡命したクルド人歌手）をよく聞いていたよ」

三男マズルムがムスタファの思い出を語る。一九九二年、クルド系政党ＨＡＤＥＰが設立されると、そのガジアンテプ支部にも顔を出すようになり活動を支援する。クルド人の権利について、特に教育の権利について街でオルグをしたり、チラシを貼ったり……。クルド語の本の読書会も開催した。長男バッカスが一五歳になると、ガジアンテプ支部に連れて行き、党員として登録した。トルコ治安当局は当然、こうした行動を把握するようになる。

ジャンダルマから解放された約二カ月半後の二〇〇〇年三月七日、ＰＫＫに食料を提供しているとして、ＰＫＫに対する援助及び隠匿幇助の罪で起訴されたムスタファに対し、トルコ南部のアダナ治安裁判所は判決を言い渡した。無罪。判決は「具体的な証拠は見つからなかった」と指摘、「有罪の疑いありという段階

写真２／ムスタファの思い出を語るマズルム＝2019年３月、埼玉県川口市

で留まっており、疑わしきは罰せずという基本的な法の原則に従い、無罪判決が下される」と強調した。

ところが、ジャンダルマは一週間後の三月一五日、テキルシン村を再び急襲し、各戸を家宅捜索した。バリバイ家にも現れ、ムスタファを再び連行しようとした。要員の一人が抵抗するヌリエを殴り飛ばすと、一五歳のバッカスがキレた。

「窓の外からこぶし大の石を見つけてジャンダルマめがけて投げたんだ。それが一人の後頭部に命中して倒れたんだね。そうしたらほかのジャンダルマが何人もね、殴りかかってきてぼこぼこにされた。恐かったけれど、ママが殴られたからとっさに石を投げた。放っておけないと思うよ、そうなったら」

ジャンダルマの要員たちは銃床でバッカスの頭を殴りつけた。一方、バリバイ一家の親戚や村人が集まりバッカスに加勢、石を投げ拳でたたき合う騒乱に発展する。ヌリエとバッカスはジャンダルマの詰め所に連行された。

「おまえの子どもたちを殺すぞ。おまえの子どもたちも行方不明になるからな」

ヌリエを脅すジャンダルマ。「テロリストめ」。バッカスには吐き捨てるように言った。三日後に解放されたが、その間食事はなかったとバッカスは記憶している。ジャンダルマは四月二七日に再びバッカスを拘束した。尋問で一人が言い放った。

「おまえのじいさんのように、おまえを殺してやる」

祖父のように――。祖父や伯父らが覆面の男に殺害された一九七九年の事件。背後にやはりジャンダルマがいたのか。バッカスは父から聞いた話を思い出した。

解放され自宅に戻ると、ヌリエはバッカスを諭した。

「逃げなさい。避難しなさい。機会があれば、私も後から行くから」

バッカスは荷物をまとめ家を出た。トルコ南西部ムーラやイスタンブール……。弟の二男エルジャンらの名前を使い各地を転々、建設現場や飲食店で働いた。

いつまで隠れて暮らさなくてはならないのだろう。捕まれば父のように拷問されるのだろうか。バッカスは小学校時代の苦い記憶も思い出した。「君たちは何人ですか」と尋ねる教師。「トルコ人」とほかの生徒が答える中で一人だけ「クルド人です」と答えたバッカスに鉄拳を振り落とした。鮮やかな血が教室にぽたぽたと滴った。バッカスはその後、恐怖心から大便を漏らしたこともある。

ガジアンテプを離れ、四年が過ぎていた。バッカスはトルコからの出国を決意する。行き先は欧州諸国とは違い査証（ビザ）不要で、親戚が埼玉県川口市で暮らす日本。世界第二位の経済大国（当時）に、新たな人生への希望を託した。

†逃避行

二〇〇四年九月、大阪。関西国際空港（関空）から車で三〇分ほどにあるホテルの一室で、バッカスは同郷の従兄弟と二人、所在なさげに立ち尽くしていた。

「どうする？」

「どうするって。どうしようもないだろう」

「逃げるか……」

ジャンダルマから脅され、トルコ南部ガジアンテプを後にしたバッカスは最終的に、従兄弟と共にウズベキスタンなどを経由し関空へ到着した。トルコでは、ジャンダルマに投石したとして在宅のまま起訴された。自分名義のパスポートでは出国できず、四歳年下の弟エルジャン名義のパスポートを利用した。だが、入国審査で引っかかる。「観光目的」を強調したが、「本邦において行おうとする活動が虚偽のものでないとは認められない」との理由で入国拒否され、退去命令を出されたのだ。翌日のトルコ航空機に乗りイスタンブールに帰るよう指示され、それまでホテルで待機するよう求められた。ホテルの部屋は一五階。廊下では、警備員三人が出入りを監視していた。

「一階のロビーに売店があるだろう。そこで水を買いたいと言えば、部屋から出られるんじゃないか」。バッカスは従兄弟に訴えた。

「その後、どうするんだ？」

「隙を見て逃げ出す」

バッカスは本気だった。警備員に水を買いたいと伝えると、売店行きが許可された。ただし、二人を挟み込むように三人の警備員が同行した。一階では、カフェでくつろぐ宿泊客の姿が目に入る。ゆっくりと歩き、周囲の様子を確かめた。

雨が激しく降っていた。風も強く台風のようだった。玄関の扉が風で揺れ、半分開くのが目に入る。鍵は掛かっていないようだ。バッカスは叫んだ。

「今だ、逃げろ」

従兄弟が走りだし、外に出たのが見える。「よし、おれも」。あせった警備員がとっさにバッカスを捕まえた。

「警備員はおれの腰の辺りを摑んだんだね。それで、ドーンって突き飛ばしたら逃げられた。トルコに帰されたら殺されると思って必死だったんだ」。バッカスは当時の様子を興奮気味に振り返る。けれど、どの方向へ行くべきかわからなかった。自分がどこにいるのかさえ見当が

写真3／入管当局による退去命令から逃れ、逃避行の記憶を振り返るバッカス＝2018年6月、埼玉県川口市

つかない。従兄弟の行方も気がかりだが、気にしている余裕はなかった。大雨の中、とにかく全速力で走る。

「シンカンセン、ステーション……」

道行く人に単語をつなぎ合わせて尋ねる。ホテルを出てから三～四時間はたっただろう。新大阪駅に到着したのは午後一〇時を過ぎていた。これで新幹線に乗れば東京、そして埼玉に行けるのではないか。そんな期待に胸が躍る。だが、すでに終電の時間は過ぎていた。

駅構内をとぼとぼ歩くと、従兄弟に会った。彼もまた、道行く人に尋ねながら新大阪駅までたどり着いたのである。

「再会できたのは運がよかったとしか言いようがないね。それから一晩、駅の近くにある公園の木の下で膝を抱えながら雨宿りしていたんだ。そうしたら、酔っぱらいが来て立ち小便した。おれはびっくりして立ち上がったんだけれど、その男はもっとびっくりしたようで、うわーって大声を出して逃げていったよ」

翌朝、雨は上がっていた。新幹線で東京駅へ行き、JR京浜東北線で親戚宅の最寄り駅、蕨《わらび》駅（埼玉県蕨市）に到着した。エルジャン名義のパスポートは入管当局に取り上げられている。

所持金は五〇〇ドルしかない。日本語がわからないどころか、荷物さえない手ぶらで洋服もぬれている外国人二人組。日本社会では怪しく映りかねないが、新大阪駅近くのホテルはパスポートなしで円への両替に応じてくれたし、駅では、道行く日本人が切符の購入を手伝ってくれ乗り場まで案内してくれた。バッカスの逃避行はひとまず終わった。バッカスにとって、日本は恵みの雨の国である。

†宥和と対立

現大統領、エルドアンらが設立した公正発展党（AKP）が政権に就いた二〇〇二年以降、欧州連合（EU）加盟交渉の進展も影響し、トルコ政府は対クルド問題で宥和政策を進める。クルド語の使用を徐々に解禁、制限付きだが、クルド語の放送が二〇〇三年に開始された。二〇〇九年には、国営放送がクルド語専門チャンネルTRT6の放送を始めている。エルドアン首相（当時）は「成功を祈る」と祝辞をクルド語で締めくくり、公の場でクルド語を使用した初の首相となった。

宥和政策の背景には、イスラム色の強いAKPがイスラム教スンニ派の多いクルド人の支持を取り付ける狙いがあったとも指摘される。実際、AKP政権発足後しばらくはクルド人の間でAKP支持率は高かった。二〇一一年九月には、トルコ政府とPKKによる秘密裏の和平交渉が発覚したほか、オジャランは二〇一三年三月、獄中から声明を発表し武装闘争の放棄を宣言した。

潮目が変わったのは二〇一五年だった。六月の総選挙でクルド系政党国民民主主義党（HDP）が躍進する一方、AKPが単独過半数を割り込む。AKPを支持していたクルド人票の多くがHDPに流れたとみられ、エルドアンは対クルド強硬路線に舵を切ったのである。当時、内戦下にある隣国シリアやイラクでは、過激派組織「イスラム国」（IS）が勢力を拡大していた。トルコでもテロが発生し始め同年七月下旬、トルコ軍は対ISの軍事作戦を開始する。同時に対PKKの掃討作戦も再開、PKKも停戦を破棄し南東部で市街戦を展開したため、トルコの治安は急速に悪化した。ISに加え、PKKの分派とされる「クルド解放の鷹（TAK）」によるテロも相次いだ。

AKPが政権樹立に向けた連立協議に失敗すると、エルドアンは八月中旬、再選挙実施の方針を表明した。一一月の再選挙に向け、AKPは治安悪化の危機感、非常事態感を演出、PKKに近いとされるHDPに揺さぶりをかける戦術を展開した。AKPは治安問題を争点化し、不安を感じる国民に〝強い政府〟への信任を訴えた。

緊迫した中で再選挙が近づき、一〇月下旬には、東京のトルコ大使館前で在外投票に訪れたトルコ人とクルド人との間で乱闘事件が発生している。

再選挙はＡＫＰの圧勝に終わった。危機感を演出する広報戦略が奏功したと考えられている。トルコ政府はその後も治安部隊による対ＰＫＫ掃討作戦を継続、二〇一五年一二月～一六年三月にはジズレやヌサイビンなど南東部のクルド人が多く暮らす地域を断続的に包囲した。特にジズレでは、治安部隊の攻撃が激しく、七八日間に及ぶ外出禁止令の間に街は徹底的に破壊され、一六〇人の民間人が犠牲になったと伝えられている。建物は砲弾や戦車による攻撃にさらされ、治安部隊が地下室に避難した民間人にも発砲、負傷者を搬送しようとした救急車も規制したという。白旗を掲げ歩く男女らに発砲する映像もインターネットに流れた。

二〇一六年七月にはクーデター未遂が発生した。エルドアン政権は対応策として非常事態を宣言、クーデターを首謀したとされるギュレン派の公職追放を進める一方で、クルド人を標的にした弾圧も強化した。クルド系メディアを閉鎖しクルド系市長を拘束、ＨＤＰ共同党首デミルタシュをもテロ関連容疑で逮捕している。

さらに、シリア内戦下でのクルド人勢力「民主連合党（ＰＹＤ）」の影響力拡大がトルコ政府に対ＰＫＫ作戦の継続を余儀なくさせた。ＰＹＤは二〇〇三年、親オジャランのグループがシリア北部で結成した政治勢力である。傘下に民兵組織、人民防衛部隊（ＹＰＧ）を抱える。シリア内戦が長引く中で、ＹＰＧはシリア北部、トルコとの国境地域に展開、対ＩＳ掃討作戦で米軍から支援を受け一気に勢力を拡大した。トルコ政府は、ＰＫＫとＰＹＤ・ＹＰＧは一体のテロ組織とみて敵視しており、「PYDの伸張がPKKの勢力拡大につながる」と警戒感をあらわにする。実際、トルコ軍は二〇一六年八月以降、対IS掃討作戦も含め断続的にシリア北部へ侵攻し地上作戦を展開している。トランプ米政権による米軍のシリア撤収表明に合わせる形で、二〇一九年一〇月には武力でPYD勢力を国境地帯から一掃した。トルコの対PKK作戦は継続しており、和平の兆しは見えていない。

†逮捕

「外国人登録証かパスポートを見せてください」

バッカスは警察官三人に路上で職務質問をされると、血の気が引いたのを覚えている。再び走って逃げようかと思ったが、すでに警察官が腰のベルトを握りながら、ズボンのポケットにも手を入れており、身動きが取れなかった。二〇〇五年二月、埼玉県鳩ケ谷市（現川口市）の路上。埼玉県警はバッカスを入管難民法違反（旅券不携帯）の疑いで逮捕した。

約二〇日間の拘留後、さいたま地検は起訴猶予とした。しかし、入管当局による退去強制手続きが始まり、県警の勾留期限後、東京入国管理局（現東京出入国在留管理局、東京都港区）に収容された。四月には退去強制令書が発付されている。川口市の親戚宅に居候しながら、解体や廃棄物仕分け工場で働き始めてから半年後の出来事だった。バッカスは収容中に、正式に日本政府に保護を求め、難民申請した。約二カ月間の収容後、就労禁止や居住都道府県からの外出禁止など条件付きで収容を解かれる「仮放免」の立場で解放された。

一方、トルコ南部ガジアンテプでは、ジャンダルマが執拗にバリバイ一家に圧力をかけていた。

「バッカスはいるか」。ジャンダルマは姿を消したバッカスを探していた。

「どこに行ったんだ？」「PKKのゲリラになったのか？」。日本にいるバッカスとは頻繁に電話をしていたが、それでもヌリエは銃を抱えたジャンダルマの要員に毅然と言い放った。

「知りません。電話もありません」

ムスタファは拷問以来、精神疾患を抱え、約二〇〇キロ離れたトルコ南西部アダナの病院で入退院を繰り返す。突然叫びだし、街でジャンダルマを見かけては「撃たれる」と言って走りだした。仕事ができる状態ではなかった。それでも、元気のよいときはクルド系政党HADEPに足を運ぶ。それはまた、ジャンダルマによる拘束が繰り返される原因にもなった。

ムスタファが働けなくなり、バリバイ一家は日本から送られてくるバッカスの送金に頼ったが、それでも一家の生活は困窮し始める。精神的にも経済的にも追い詰められ、追い打ちをかけるように、ジャンダルマが二男エルジャンを拘束し始めた。捕まえては、バッカスの行方を取り調べ、数日で解放する。バッカスがエルジャン名義のパスポートで出国したのを把握したためとみられるが、暴力を伴うそんな拘束が一家にトルコ出国を決意させた。

エルジャンが二〇〇七年一月、イスタンブールから成田空港へ到着した。同じ年の一二月、ヌリエとムスタファは三男マズルム、四男ベラット、三女スザンを連れて日本へ来た。マズルム一五歳、ベラット一二歳、スザン七歳だった。

†〝ワラビスタン〟

埼玉県川口市はかつて、鋳物産業で栄え、吉永小百合主演の映画『キューポラのある街』（一九六二年）の舞台としても知られる。現在は荒川を挟んで隣接する東京のベッドタウンとして発展、人口六〇万を抱え、二〇一八年には中核市へと移行した。映画でも描かれたように、在日韓国・朝鮮人が鋳物産業を支えた歴史も影響し、同市には現在も多くの外国人住民が暮らす。約三万九〇〇〇人（二〇二〇年一月）という外国人人口は、市町村では東京都新宿区、江戸川区に続く全国三位とも言われる。

「東京駅まで電車で一五～二〇分という立地のよさに加え、隣の東京都江戸川区よりも家賃が二〇～三〇％安い」。市の担当者が解説する。「在日の方が多かったという歴史的な下地に加え、こうした住みやすさが外国人の方が多く暮らす要因になっているのではないでしょうか」

外国人人口の約半数は中国人だが、市の北西部にはトルコ出身のクルド人が多く住む。最寄り駅がJR京浜東北線の蕨《わらび》駅であることから〝ワラビスタン〟とも呼ばれるようになった。クルド人の国家を意味する「クルディスタン」をもじった表現である。

人手不足が顕著だった一九八〇年代後半以降、イラン人が住み始め、建設や解体、道路工事などいわゆる三K労働に従事した。大半のイラン人は非正規滞在だったため一九九〇年代後半以降の警察による取り締まり強化と共に激減、入れ替わるようにクルド人が増え始めた。ケバブをはじめとするトルコレストランも多い。市によれば、多くがクルド人とみられるトルコ国籍者は一二二六人（二〇一九年一月時点）。だが、住民登録のできないバリバイ一家のような非正規滞在の難民申請者も多く、実際には一五〇〇〜二〇〇〇人のクルド人が暮らしていると言われている。

バッカスが仮放免の許可を得て東京入管から解放されたのは二〇〇五年六月だった。バッカスは川口市の自宅に戻り、それまでと同様、解体現場や工場で仕事を続ける。仮放免者には就労禁止の条件が課されているが、働かなければ食べてはいけない。東京入管の担当者ももちろん、状況を把握している。

バッカスに限らず仮放免者は通常、一カ月に一回程度、入管当局に出頭する義務があり事情を聴取される。

「働いていませんよね？」

「働いていません」

その際、こんな会話が交わされていた時期がある。バッカスにも記憶がある。不毛としか思えないが、入管当局にとっては就労禁止の建前を確認する重要な場だった。「働いています」と正直に答えた仮放免者に対し、担当者が口に指を当て「しーっ」とジェスチャーをすることもあった。入管当局が仮放免者の就労、いわゆる「不法就労」を黙認する時代だった。

†新生活

「建物が大きくてびっくりしたね。夜景が本当にきれいで、なんて大きな街なんだろうと思ったよ」。一二歳で来日したベラット（二四）の最初の日本の印象だ。緑広がる大地で羊の世話をしていた少年にとって、ネオン輝く東京は未知の世界だった。二〇〇七年一二月、ムスタファとヌリエは三男マズルム、四男ベラット、三女スザンを連れて成田空港へ到着した。入国を拒否され退去を命じられたが、出国を拒み空港で難民申請した。空港に留め置かれ、ようやく入国が認められたのは三日後だった。迎えに来た長男バッカスの車で首都高を走り、埼玉県川口市へ向かう。ベラットは視界に入る高層ビル群の美しさにみとれていた。

翌春、ベラットは川口市立中学校へ通い始める。三十数人のクラスに外国人は自分と中国人の女子生徒の二人。日本語ができないのは自分だけだった。

「死ね」とか「ばかばか」とか、よくからかわれた。けれど、ある日運動場で砂を投げられたのにキレて男子生徒二人と血だらけで殴り合ったんだね。そうしたら、いじめはなくなったよ」。ベラットが中学時代を回想した。

教師は日本語を丁寧に教えてくれた。「日本語がんばって」と応援するヌリエの期待に応えたかった気持ちも強い。ベラットは放課後、ボランティアが運営する外国人向けの無料日本語教室に通った。ひらがな、カタカナに始まり、漢字の学習にも取り組んだ。「みんな優しく教えてくれたね。本当にうれしかった。腕や手、脚にもマジックで書いて覚えたよ」と笑う。日本語ができるようになると、日本人の友人も増え、ますます日本語が上達する。友人と休みの日に近所のジャスコ(現イオン)のショッピングモールへ行き、ゲームセンターで遊んだ。「特に車のレースのゲームにはまったね。トルコでは、学校が終わると家の手伝いで羊の世話をしなければならなかったから。全然違うよ、日本とクルドの子どもは」

同級生と共に高校へ進学したい。そう考え始めたが、中学二年の夏、一つの転機が訪れる。自転車で日本語教室に向かう途中、乗用車にはねられたのだ。顔面は朱に染まり、記憶も一時失った。緊急手術を終え一週間の入院後もリハビリのため週に二〜三回の通院を余儀なくされた。半年近いリハビリで身体機能は回復したが、中学校とは距離も生まれた。高校進学の話も消えた。

朝五時に起床し、自転車で約五キロ離れた会社へ向かう。そこから車に乗り東京や千葉、神奈川の解体現場へ行った。仕事が終わり家に帰るのは午後八時や九時、ときには一〇時を過ぎた。中学を卒業すると、ベラットは解体業者で働き始める。何時間働いても一日約一万円の給料だった。

「がんばって家族を支えようという気持ちが強かったね。だから日曜日も働いた。毎日現金でもらっていたけれど、最初にママに渡したときは本当にうれしかったんだ」。そう話すベラットを見ながら、母ヌリエも照れ笑いする。

「上の子どもたちが行けなかったから、ベラットには高校に行ってほしかったんですけど、家族の生活は厳しかったし、ベラットが毎日渡してくれる一万円はありがたかったです。生活ができると思いました」

ムスタファは日本でも、精神科病院に通い仕事ができる状況にはなく、二〇〇九年二月には五男デニズが生まれた。八番目の子どもである。家計の支出は増えるばかりで、バッカスやエルジャン、マズルムに加えベラットが新たに家計に貢献し始めた意味は大きかった。

「本当はお巡りさんになりたかったね。悪い連中を捕まえてみんなを守るヒーローみたいに思っていて、そういう強い人に憧れたんだね」

ベラットは幼いころの夢をそう語る。だが、警察官が在留資格のないベラットを潜在的に逮捕できる職業なのは皮肉でもある。

†難民不認定

主文、原告の請求を棄却する。

バリバイ一家は入管当局から相次いで難民不認定処分を受けると、国にその処分を取り消すよう求めて東京地裁に訴えを提起した。ところが、裁判長は国側の主張に追随し、一家の請求を退ける。長男バッカスの難民不認定処分の取り消しを求めた訴訟。東京地裁（大門匡裁判長）は二〇〇八年一月、「原告が迫害の恐怖を抱くような客観的事情が存在したと認めるには足りない」と判示し、「難民に該当していたとは認められない」として、訴えを退けた。訴訟では、バッカスがジャンダルマに投石した事件の評価が争われたが、判決は次のように一蹴した。

「投石事件で投げられた石の大きさや重さ、当たった部位にかんがみると、原告の投石行為自体、人を殺傷するに足りる危険性を有しており、一般的な刑法犯に該当する可能性があるものである。従って、原告が本件投石事件を理由に刑事訴追を受けたとしても、原告が難民に該当するということはできない」

令状なしで家宅捜索し、母を殴り倒したジャンダルマに対し、怒りのあまりとっさに石を投げた一五歳の少年の行為に対し、一般的な刑法犯に当たるから訴追されても仕方がないと断じたのである。

東京地裁（川神裕裁判長）はまた二〇一一年三月四日、父ムスタファに対する判決を言い渡した。「拷問を認めるに足りる客観的証拠がないと言わざるを得ない」と指摘。「原告がトルコ当局から個別に把握されて注視されていたとも認められず、難民に該当するとは認められない」と結論づけた。

バッカスやムスタファは上訴したが、いずれも棄却され判決は確定した。二人の代理人、弁護士の大橋毅は指摘する。

「裁判所は、バッカスが石を投げたのは犯罪行為だから訴追されても迫害には当たらないと判断していますが、納得できません。憲兵がしたことのほうが犯罪のはずです。保護しようとしない裁判官の態度を残念に思います」

ムスタファの判決を巡っても「拷問を認める客観的な証拠がないと指摘されましたが、拷問の証拠なんて一体どうやって集めればよいのでしょう」と大橋はあきれる。「日本の裁判官は、治安部隊が拷問の様子をビデオ撮影して、その後公開するとでも思っているのでしょうか」

日本政府は一九八一年に難民条約に加入したが、近年の難民認定率は一％未満である。クルド人に至ってはこれまで一人も認定していない。日本政府はトルコ政府とテロとの戦いで協力関係にあり、背景にトルコ政府への忖度があると言われている。日本政府は二〇一七年、ＵＮ

HCRに一億五二〇〇万ドルを拠出、米国、ドイツ、EUに次ぐ多額のドナー国だが、資金援助ばかりで難民受け入れに消極的な姿勢には、国際社会から冷ややかな視線が投げ掛けられる。バリバイ一家は以後、難民申請を繰り返している。

†乱闘

肌寒い朝だった。二〇一五年一〇月二五日、東京都渋谷区の在日トルコ大使館。エルジャン、マズルム、ベラットは友人と計五人で午前六時過ぎ、トルコ総選挙の在外投票に訪れた。この年の六月、総選挙で与党AKPが単独過半数割れとなり連立協議も失敗、事実上AKPを率いていたエルドアン大統領がやり直し総選挙を決めたのである。トルコ本土で一一月一日に行われるのを前に、日本ではこの日に在外投票が実施された。AKPを過半数割れに追い込んだのはクルド系政党の躍進だった。次こそはクルド人に負けずに単独過半数を。AKP支持者のトルコ人の間に、そんな熱気が漂う。三週間前のエルドアン訪日も在日トルコ人のAKP支持者に選挙への期待を抱かせる要因となった。

バリバイ一家の三兄弟らがトルコ大使館前に着くと、すでに貸し切りバスや乗用車が数台並び、トルコ人が集まっていた。五人は近くのファミリーマート前に路上駐車し、午前九時の投票開始時刻を待った。

「コンビニに行こっか」。どちらからともなく声をかけ、エルジャンとマズルムが外に出た。突然、エルジャンがトルコ人の男に殴られた。

「おまえ、何してんだよ」

反射的にその男を殴り返すマズルム。しかし、形勢は不利だった。すでに数人から数十人のトルコ人がエルジャンやマズルムを囲んでいる。その数はどんどん膨らんでいく。

「おまえらクルド人だろ」

「テロリストは死ね」

トルコ人の罵詈雑言が響き始める。車内でうたた寝していたベラットは外の異変に気がついた。

「おれたちが来たから、今回クルド人は勝てない」

「クルド人はみんな死ね」

叫び声が大きくなる。ベラットら車内の三人も外へ出ると、興奮する男たちの姿に呆然とし、鼓動が高鳴った。エルジャンとマズルムが次々と殴られる。驚いたベラットの顔面にもトルコ人の拳が落下した。鮮血が四方に飛び散る。数人に身体をつかまれ、壁に押さえつけられるマズルム。鈍い色の鉄パイプが目に入った。地面に倒れ込み、顔を覆った。悲鳴が上がる。

「Kurdistan（クルディスタン）」とタトゥーのあるマズルムの腕をトルコ人たちが順番に踏みつ

ける。警察官数人が現場にいたが、暴行は止まらなかった。

「おれはもう目が見えなかった。意識もなくなっていたな、このとき」。マズルムが振り返ると、ベラットも頷いた。

「おれもなんだかよくわからないけれど、頭を鉄パイプでやられて……でも、何とかしないといけない、と思って血だらけになった様子をスマホで撮影してフェイスブックに載せた。見たクルド人が助けに来てくれると思ったんだ。それからバッカスに電話した。エルジャンもマズルムももう死にそうだったから、必死だった」

ベラットから電話を受けたバッカスは従兄弟らと共に、川口市の自宅を出発、車で駆けつけた。到着までは三〇分ほど。日曜日の午前中、首都高速がすいていたのが幸いした。バッカスが目にしたのは血だらけで倒れているエルジャンやマズルムら四人。かろうじて立っているのはベラットだけだった。マズルムの隣にもエルジャンの隣にも警察官がいた。乱闘は一応収まったようだったが、トルコ人の興奮は収まる様子がない。

「テロリスト死ね」「首切るぞ」

そんな叫び声がこだまする。

「誰にやられたんだ！」

目に怒気を帯びたバッカスにベラットが「あいつだ」と指をさす。血だらけになった三人の弟たちを前にして、腹の底から憤怒が噴き上げてくる。バッカスはベラットの指さしたトルコ人の男に左右の拳をたたき込んだ。フェイスブックを見て駆けつけたクルド人数十人も後に続く。トルコ人数百人ともみ合いになった。トルコ人とクルド人との間には、警察官が複数立っている。だが、流れは止まらない。赤い血しぶきがアスファルトに滴る。バッカスはさらに友人に電話し加勢を求めた。

一旦は収まったが、午前一一時ごろ、さらに多くのクルド人がやってくると、乱闘は再開した。各メディアも現場に到着しニュースで大々的に取り上げられた。NHKは午後七時のトップニュースとして報道した。

ペットボトルや標識のコーン、路上の石を投げ合うトルコ人とクルド人。近くの木の枝を折って相手に殴りかかり、石や棒でバスや車を破壊する。地面にたたきつけられ、服を引き裂かれた男もいる。JR山手線原宿駅から約五〇〇メートルにある住宅やブティックの並ぶ明治通りとその周辺。そんな場所で日曜日の午前中に発生した乱闘騒ぎに現場は騒然となった。機動隊も動員した警視庁によると、合計七人が病院に搬送された。救急車で病院に運ばれたマズルムは鼻骨骨折や顔面打撲と診断され全治四週間、手術を伴う大けがとなった。

「うちら五人が死ねばね、ほかのクルド人がびびって選挙に来ないと思ったんだよ。うちらの車の中にYPGの旗があったんだね、旗はこの日だけじゃなくていつも車にあるんだけれど、それを見てトルコ人がうちらに殴りかかったんだ、きっと」。肩の骨がずれているといい、現在も病院通いを続けるマズルムが乱闘の原因を推測する。ＹＰＧとは前述のとおり、シリア北部のクルド人民兵組織である。トルコ政府はＰＫＫ傘下のテロ組織とみなしており、ＡＫＰ支持者とは確かに相性が悪い。

写真４／トルコ大使館前の乱闘騒ぎに巻き込まれ、重傷を負ったバリバイ一家の兄弟ら＝2015年10月、東京都渋谷区（ベラット・バリバイ提供）

一方、途中から〝参戦〟したバッカス。鉄パイプで腰を殴られ、現在も痛みに苦しむ。

「腰はまだ痛むよ。鉄パイプだもの。あのときは頭にきていたから痛みを感じなかったけれど、家に帰ってきてから痛み始めて翌朝は歩けなかった。とにかくベラットをぼこぼこにしたやつを徹底的にやったんだ。おれが武器にしたのはベルトやそこら辺に落ちていたブロック塀だけれど、相手は鉄パイプ」。バッカスも興奮気味に振り返った。「トルコ人たちは全部準備していたんだよ。なんで選挙に来るのに鉄パイプを持ってくるの？　おかしいでしょう」

トルコ大統領エルドアンの下した同国史上初のやり直し総選挙という選択は、八五〇〇キロ離れた日本で暮らすバリバイ一家に深い傷跡を残した。

†クルドの味

煮込んだトマトやスパイスで炒めた羊の肉……。マンションの一室に西アジアの香りが漂う。鼻孔をくすぐるのはクルド料理だ。チーズやパセリを小麦粉の生地で包んで焼いたカトマジャ、タマネギや挽肉をブドウの葉で巻き煮込んだドルマ、羊肉やタマネギ、パセリでつくる小さなハンバーグ、キョフテ。クミンやオレガノ香るヨーグルトのスープもある。ヌリエは日本に来てからもクルドの味を家族に作り続けている。

「トルコでは庭でパンを焼いていたけれど、今はこの機械です」

そう言って、ホットプレートを手に取る。

「ママの料理が一番だね」。マズルムやベラットがそう言いながら、口を大きく開けて料理をほおばるのを見ると楽しい気分になる。

だが現実を見れば、ヌリエには気がかりなことばかりである。相変わらず精神科病院に通院する夫ムスタファ。トルコ大使館での乱闘騒ぎに巻き込まれ大けがをした息子たち。肺炎を患った末っ子の五男デニズ。ヌリエ自身、膝や首の痛みに苦しみ、病院に定期的に通っている。

在留資格のない「仮放免」の立場では、健康保険に加入できない。全額自己負担な上、病院によっては、通常は一点一〇円の診療報酬を一点一五円や二〇円で計算して無保険の患者に請求する。

例えば、風邪の症状が現れて内科を受診、約三〇〇〇円の医療費がかかった場合、三割負担の保険ならば窓口で支払う医療費は九〇〇円だ。しかし、一点一五円で計算されると、支払う

写真5（上）／パンを焼くヌリエ＝2019年2月、埼玉県川口市
写真6（下）／ヌリエのクルド料理をほおばるバリバイ一家＝2019年3月、埼玉県川口市

べき医療費は四五〇〇円になる。バリバイ一家に医療費の負担は重く、一時期最大計六〇〇万円にまで借金が膨らんだ。月に数千円～数万円を分割して支払い続けているが、病院から未払いの医療費の支払いを求められ、訴訟を起こされたこともある。

病院通いにもかかわらず、ムスタファの精神状態は一向に回復しなかった。「トルコに帰りたい……」。そう繰り返すようになり、難民申請を取り下げトルコにいったん帰国し再来日したこともある。再入国は認められず、入管施設に収容された。拘束がトルコでの拷問の記憶を喚起したのか、ムスタファは入管施設で自殺未遂を繰り返した。「仮放免」で解放されたとき、ムスタファの精神疾患はさらに悪化していた。行動に予測がつかなくなり、家族には対応方法がわからなくなった。バッカスがムスタファの様子を説明する。

「入管から出てくると、パパの状態は以前よりも悪くなった。たとえば、「ここにはコップを置くな」と家族に指示を出し、そのすぐ後に「ここにコップを置け」と怒り始める。突然子どもたちに手を上げ、すぐ後に「なんで殴ってしまったんだろう」と泣き始める。そんな具合になったんだ」

自分の料理をおいしそうにほおばる家族の姿を見てヌリエは思う。なぜこの国は私たちの亡命を認め、保護してくれないのか、なぜ犯罪者のように扱うのか。不安が募る中で、一家は途方に暮れていた。

†夫、あるいは父の死

「ムスタファさんが首を吊っているぞ」。ベラットが埼玉県川口市の近所に住む従兄弟からそんな電話を受けたのはトルコ大使館乱闘事件の記憶も鮮明な二〇一五年一二月だった。ベラットはエルジャンと共に神奈川県内の解体現場にいた。

「冗談言っているんじゃないよ、忙しいから切るよ」

ベラットは即座に電話を切った。けれど、再び携帯が鳴る。

「冗談じゃねぇよ。本当だ」

従兄弟の焦った様子に、ベラットの心臓が大きく鳴った。従兄弟はたまたま近所にある前川第5公園の前を通り掛かったら、ムスタファが木で首を吊っているのを目にしたのだという。

二〇一五年一二月二七日。ヌリエは川口市の自宅でパンを焼いていた。ムスタファは牛乳の買い出しから戻り、相変わらず所在なさそうに紫煙をくゆらせる。

「公園に行ってくるよ。仲間がいるから」

ぼそっとつぶやき、家を後にした。いつもと変わらぬムスタファだった。

「パパが自殺した。公園、早く行って」

電話が鳴り、興奮したベラットからムスタファの自殺が伝えられた。正午ごろだった。まさかとは思ったが、ヌリエは靴も履かずに家を飛び出し、公園まで走った。すでに救急車が来ていて、ムスタファが毛布のようなものにくるまれて運ばれている。写真撮影する警察官もいる。ベラットと同様、従兄弟から電話のあったバッカスやマズルムも駆けつけた。救急車に乗り込み、ムスタファの手を握る。まだ大丈夫、まだ大丈夫。祈るように握りしめた。

エルジャンとベラットが川口市立医療センター（埼玉県川口市）に着くと、ほかのバリバイ一家の姿があった。川口市で暮らす親戚らも集まり二〇人以上はいたはずだ。口数は一様に重く、誰も多くは語らない。ムスタファの眠るベッドの周囲に黒山の人だかり。大きな声で泣き崩れるヌリエの姿がまず目に入る。

「パパの具合は」。ベラットは誰にともなく問いかけた。「心臓は動いているけれど、脳はすでに死んでしまっている」。そんな答えだったのを覚えている。ムスタファの手を握り「パパ、パパ」と泣き叫んだ。

ヌリエはなかなか離れようとしなかったが、やがて全員病室の外に出されると、医師が廊下で告げた。

「これ以上続けても苦しいだけなので、機械を止めたいと思います。最後のお別れをしてください」

一人ひとり、ムスタファにハグをした。

その夜、ムスタファのいなくなったバリバイ一家はみな、前川第5公園に行った。モチノキを見ながら泣いた。

羊を連れながら、クルドの大地を一緒に歩いた。周囲に結婚を反対され、駆け落ちもした。ガジアンテプの街中で結婚指輪を二人で探した……。ヌリエの脳裏に思い出が蘇る。ジャンダルマに拷問され、精神に変調を来したムスタファ。保護を求めた日本でも難民として認められなかった。入管施設に収容され、精神状態は悪化した。最後は自殺だった。

ムスタファ・バリバイ、享年五六歳。

「お金がない中でね、一生懸命働いてたくさんの子どもを育ててくれてね、大変だったと思うよ。パパがいなくなるなんて考えたことなかったから。最後にハグしたときは、行かないでって。どうしようもないんだけれど、さみしかった」。ベラットが静かに語る。バッカスが言葉をつないだ。

「トルコで拷問されて、日本でも保護されなくて、おかしかった精神が入管収容でもっとおかしくなった。トルコ政府だけでなく、日本政府にもパパの死の責任はあるよ」。バリバイ一家の長い二〇一五年が終わった。

†収容

収容は突然やって来る。突然やって来ては、日常生活を断絶させ、家族を分断する。在留資格のない「仮放免」の外国人は通常、一ヵ月に一回程度入管当局に出頭する。その際、仮放免の許可が延長されればそのまま社会生活を送れるが、不許可になれば入管施設に収容される。多くの場合、判断の理由は示されない。当事者にとっては、くじを引くような感覚である。仮放免の許否、それは入管当局にとっては日常業務の一つに過ぎないが、当事者には生活が一変、人生そのものが変わりうる大きな意味を持つ。バリバイ一家では、ムスタファのほか、バッカス、エルジャン、ベラットに入管収容の経験がある。

ベラットは二〇一六年五月、管轄の東京入管に出頭した際、仮放免の延長が許可されず、そのまま収容された。無許可で埼玉県から東京都へ遊びに行ったというのが仮放免の条件違反（居住都道府県からの移動禁止）に当たり、許可が取り消されたとみられている。しかし、これまでに無許可で東京に来た仮放免者は無数にいるし、今回ベラットに限りなぜ延長が許可されなかったのか明確な理由はわからない。ベラットは二〇一七年一月に東日本入国管理センター（茨城県牛久市）に移送された。

「もう一年七カ月。精神的にまいっているね。心がばらばらになる、頭がパンクするよ。死ぬこともね、頭に浮かんでくる」

四平方メートルほどの面会室で二〇一七年一二月、ベラットは面会で訪れた筆者にアクリル板越しに訴えた。

午前七時に起床、七時半に朝ご飯。決まってゆで卵とパンに二〇〇ミリリットルの牛乳。毎日変わらない。午前と午後にそれぞれ二〜三時間程度の自由時間があるが、それ以外は終日部屋で過ごす。やることがない。それが一番の苦痛でもある。

なぜここに閉じ込められているのか。一二歳のとき親に連れられて日本に来た。自分の意思ではない。ママは家族の安全を願って日本に来た。なのに、なぜおれは拘束されているのだ？悪いことは何もしていない。なぜ入管の人間はおれを犯罪者のように扱うのだ？　ママも心を痛めているだろう。家族に会いたい。家族のところに行きたい。頭がおかしくなりそうだ。夜眠れない。パパのことが頭に浮かぶ。頭の中にある神経の線が切れてしまいそうだ。家族に会いたい。

「もしもし、ママ、元気かい？」

ベラットは毎日、ヌリエに電話した。

「ベラット、あなたが元気なら私は大丈夫」

「入管からトルコに帰れって言われているよ。なんでこんな目に遭うのかな」

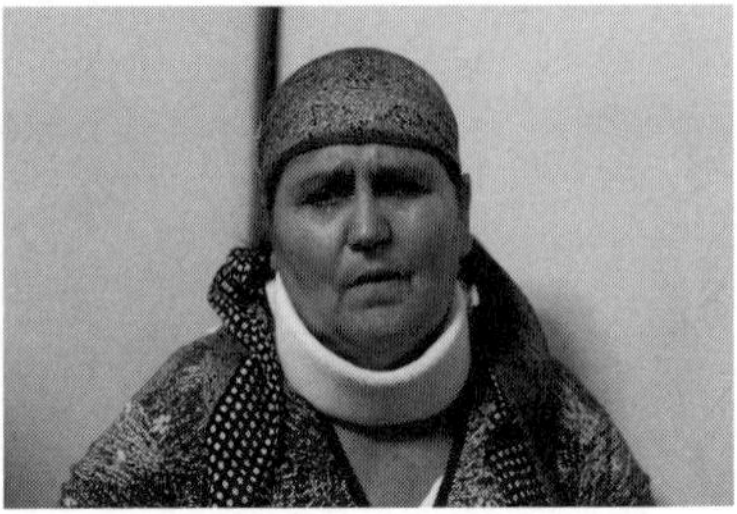

写真7／東日本入国管理センターに収容されたベラットを思い、涙を流すヌリエ＝2018年6月

「私もわからない。毎日電話ちょうだい」

　ヌリエは自殺した夫ムスタファの写真に加え、ベラットの写真をそばに置きながら眠った。

「ベラットは本当に優しい子どもです。自殺したいというから、どうしていいのかわからないんです。もう家族の中から自殺者は出したくないんです」。ベラットの収容中、ヌリエは取材にベラットの写真を見せながら、こう強調した。

　ベラットの体調は悪化していた。庁内診療の診断書には、多くの病名や症状が記載されている。不眠症、頸椎神経根症、腰椎椎間板ヘルニア疑い、胃炎、左半身のしびれ、左肩痛、頸部痛、腰痛、歯肉炎、左尿管結石……。二〇代の成人男性とは思えぬぼろぼろの身体である。首や肩、胸が痛む。長期収容による精神的な圧迫が身体に表れていた。だが、十分な治療は受けられず、収容が解かれることもない。それがまた不安を煽り、精神を追い込む。ベラットが東日本センターに移された約二カ月後には、ベトナム人男性（四七）がくも膜下出血で死んだ。体調不良を訴えたが、病院には搬送されなかった。

　東京五輪を控え、外国人の〝おもてなし〟を誇らしげに宣伝する国家の現実の姿がここにはある。

†トラウマ

二〇一八年七月九日、東日本センター。日差しの強い夏の朝だった。入り口でヌリエはベラットと激しく抱き合う。ベラットが二年二カ月に及ぶ収容生活から解放された。仮放免の申請、不許可を繰り返し一〇回目にして認められた。

ベラットは久しぶりに母親のぬくもりを全身で感じた。

「生まれ変わったみたいだ」

歓喜の声を上げるベラット。太陽がやたらとまぶしかった。

「もう離さない、本当にうれしい」

ヌリエもまた、息子の肌の温かさを味わう。

「子どもみたいだよ」

茶々を入れるのはベラットの弟で、小学生の五男デニズ。笑いながら、二人が抱き合う輪に入った。

その夜、ヌリエはベラットにクルド料理を振る舞った。二年二カ月ぶりの母親の手料理にベラットは思わず「ママの料理が最高だね。入管のごはんもう要らない」と口にした。

ところが、その日以降ベラットの身体に異変が生じ始めた。ヌリエが怪訝《けげん》そうな表情を浮かべ説明した。

「ベラットは夜寝ていると、ウワーとかウォーというような奇声を発するようになりました。「パパ、パパー、助けて！」って叫ぶこともあれば、「入管、やめて、やめて」とうなされていることもあります。「ベラット、ベラット起きなさい」と声をかけて水を飲ませるんです。起

写真８（上）／ベラットが仮放免され、東日本入国管理センター前でキスをするヌリエ（右）
写真９（下）／東日本入国管理センターから仮放免され、ヌリエと肩を組み、撮影に応じるベラット（左）＝写真８、９ともに2018年７月

きないときには、顔に水を掛けて目を覚まさせるんです。こんなことは入管に収容される前はありませんでした」

ベラットにも自覚症状はあった。

「金縛りって言うのかな。身体が全く動かなくなって。重い何かで押しつぶされているっていうか……。手が動かない。脚が動かない。息ができなくなる。入管に捕まって狭い部屋に閉じ込められて鍵が掛かって出られなくなる、そんな夢を見ているんだね、そういうときは。あと、パパが遠くに行っちゃう夢も見る」

ベラットは眠れない夜、時々散歩するようになった。ムスタファが自殺した公園や卒業した中学校……。この先どうなるのか不安がこみ上げてくる。仮放免の運用は近年、厳格化の傾向が強まり就労が見つかれば条件違反として収容される。黙認される時代は終わったのである。いま、バリバイ一家で就労可能なのは日本人女性と結婚し、正規の在留資格を持つエルジャンだけだ。

中学校を卒業した同級生は今ごろ何をしているだろうか。結婚しているだろうか。多くは普通に働いているだろう。仲のよかった友人たちは高校へ通い、働いている自分とは距離ができ疎遠になった。互いの環境は変わった。同じ中学を出たのに、彼らは働き、おれには労働が認められていない。それどころか、保険にも入れないし、埼玉県から出ることさえできない。一

写真10／ムスタファが自殺した前川第5公園で、モチノキの下のベンチに腰をかけるヌリエ＝2019年3月、埼玉県川口市

生懸命働いて、家族とともに暮らす。人間として扱われ尊厳を持って生きていきたい。それだけなのに。

ベラットは悔しかった。「チャンスさえあれば。働けるチャンスさえあれば」といつも思う。

「希望という言葉が好きなんだ」。あるとき、ベラットがこんな言葉を発した。「パパからね、何があっても希望をなくすなって言われたことがある。トルコでも日本の入管でもいじめられたのに。でも、希望をなくしたらね、生きる意味がなくなっちゃうから、パパの言っていたことがだんだんわかってきた」

ベラットはいま、日本人女性と交際している。川口市のバリバイ一家にも遊びに来るようになった。デニズとも仲良く遊ぶ彼女を見て、ヌリエはほほえましく思う。もちろん、ベラットの結婚には寂しさも感じるのだが。小さいころ日本に連れてきたベラットには苦労をかけた。その分も幸せになってほしいと願う。

埼玉県川口市の前川第5公園。砂利や芝生の上を、足を引きずりながらヌリエはゆっくりと歩き、モチノキの下にあるベンチに腰をかけた。二〇一九年春。ヌリエは目を閉じた。ブランコが揺れ、子どもたちの遊ぶ声が響く。風が木々を揺らしている。柔らかい日差しが降り注いでいた。

第二章
入管収容施設の実態

東日本入国管理センターが公開した二人用の居室。窓には格子がはめられている。収容者は一日に5～6時間程度の開放時間(自由時間)を除き、こうした居室で過ごさなければならない=2018年12月、茨城県牛久市

写真11／最多の収容数を誇る東京出入国在留管理局＝2020年6月、東京都港区

東京五輪や外国人労働者の受け入れ拡大に合わせ、政府が在留資格のない外国人（非正規滞在者）の取り締まりを強化している。不法在留や不法入国、不法上陸、あるいは刑罰法令違反を理由に強制退去の対象となった外国人を次々と入管施設に収容、拘束期間が長期化している。全収容者数の半数超に当たる六八〇人超が半年を超える長期収容となった（二〇一九年六月時点）。三年、四年と収容されている外国人も多く、中には、拘束期間が約八年間に及ぶイラン人もいる。無期限の収容制度には、国際社会から相次いで懸念が表明されるほか、国内の人権団体からも批判が高まる。出口の見えない収容で精神を病む外国人も多く、二〇一八年四月にはインド人男性が東日本入国管理センター（茨城県牛久市）で自殺、そのほか自傷行為や自殺未遂が相次ぐなど絶望感が広がっている。

絶望感に拍車を掛けるのが入管施設内での処遇である。入管当局が積極的には広報しないため、多くの国民はその実態を知らない。暴行、隔離、監禁、医療放置……。収容を経験した外国人や入管当局作成の内部文書を基に、取材を進めると、肉体的、精神的に外国人を追い込む入管施設の実情が浮かぶ。外国人支援団体や弁護士からは「命や人権を軽視している」との非難が絶えないが、入管当局は「適切に対応している」との説明に終始する。

この章では、実際に入管施設内で発生した「事件」を検討しながら、何が起きているのかを見ていく。在留資格がなく、脆弱な立場に置かれた外国人を前に現れる権力の姿がここにはある。法務省の内部部局だった入国管理局は二〇一九年四月、出入国在留管理庁（入管庁）へ格上げされた。巨大化する国家組織が社会から隔絶された密室で繰り広げる様々な「事件」はこの国の深層を映し出している。

1　暴力による密室の支配

「制圧」という名の暴力

「倒すぞ、制圧、制圧」「はい、決めるぞ」。二〇一八年一〇月九日、強制退去の対象となった外国人を収容する東京入国管理局（現東京出入国在留管理局、東京都港区）。ブラジル人アンドレ・クスノキ（三二）の居室に鈍い叫び声が響いた。六人の入管職員がクスノキを抱え上げ畳の床に押し倒す。「暴れるんじゃねぇよ」「抵抗、するなー」。ドスのきいた職員の声に混じり、

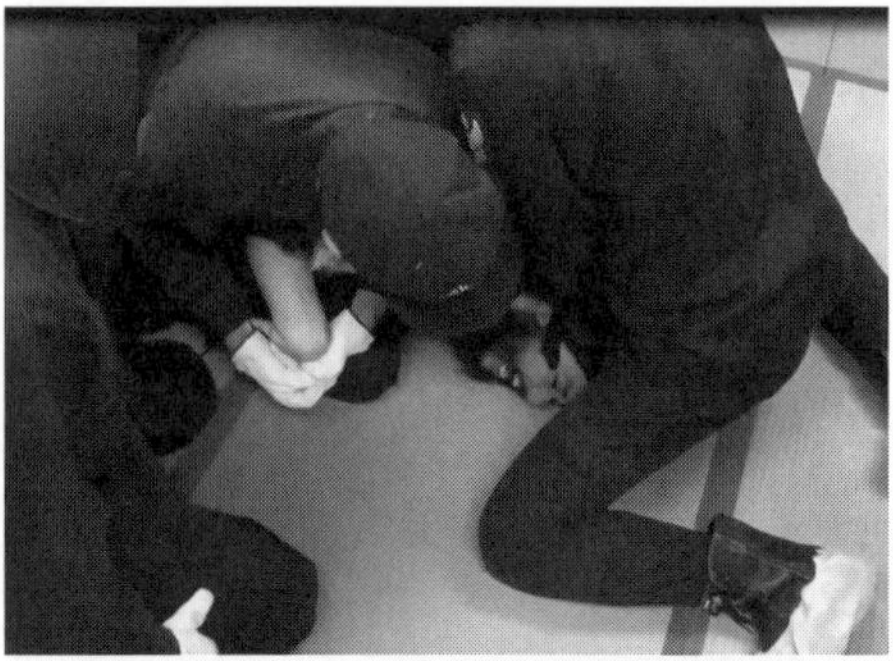

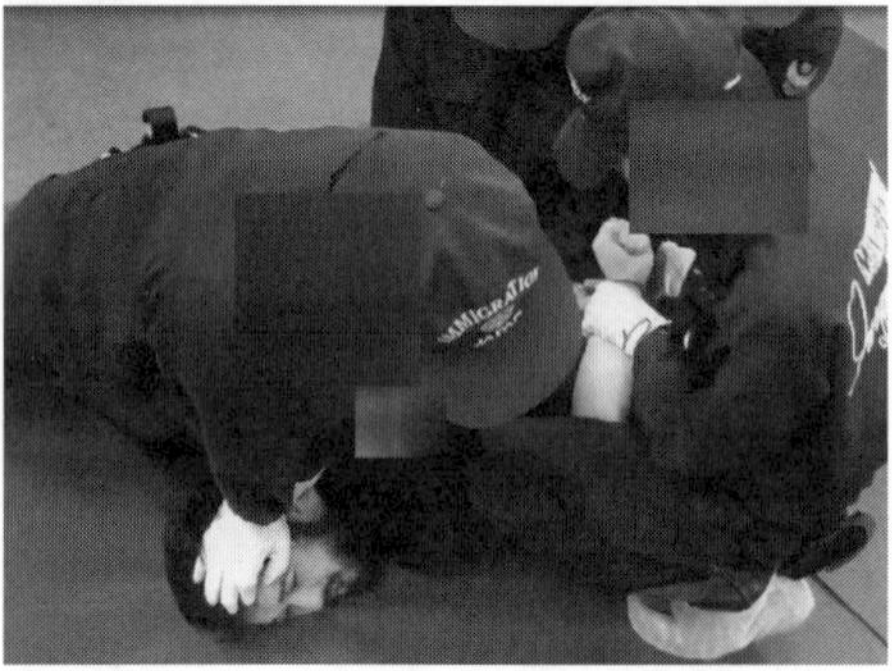

写真12（上）／東京入管の居室で、職員に制圧されるアンドレ・クスノキ
写真13（下）／東京入管のマットの敷かれた床で、職員に制圧されるアンドレ・クスノキ＝写真12、13ともに2018年10月、東京都港区
（写真12、13ともに、アンドレの代理人、尾家康介弁護士提供。訴訟の過程で入管当局が裁判所に制圧映像を提出した）

クスノキの声がかすかに漏れる。「痛え、腕痛い」。職員が後ろ手にクスノキに手錠を掛けた。

「腕が痛い、腕痛い……」

東京入管職員は同年一〇月五日、クスノキに収容場所を茨城県牛久市の東日本入国管理センターに移すと一方的に告げた。職員は四日後のこの日、早朝からクスノキの居室を訪れ移動の準備をするよう指示、クスノキが拒否し、居室内のトイレに長さ約一・六メートルの長机二台をバリケードのように縦に置いて立て籠もったため、実力行使に出たのだった。入管当局はこうした収容者の取り押さえを「制圧」と呼んでいる。

職員による制圧は続いた。手錠を掛けられ、身動きの取れなくなったクスノキを五人で抱え上げ、エレベーターに乗り別室へ連行する。うつぶせに倒し、背中や腕、足を押さえ込む。マットを敷いた床に顔面を押しつけ、全体重で頭を押さえつける。クスノキは思わずせき込んだ。「息ができない」。クスノキの訴えもむなしく、一人の職員は「息できてるから」と一蹴した。「きょう、茨城の入管に行くから」。取り押さえには直接加担していない別の職員が中腰の姿勢で視線を落とし、クスノキに話し掛けた。

「なんでおれが行くんだよ」。頭を押さえつけられたクスノキが言い返す。

「うるさいぞ。静かにしろ」。クスノキを押さえつける職員が濁った太い声を出す。「こいつ、小学生みたいだな」。別の職員の嘲笑じみた声も漏れる。すでに手錠をされているクスノキへの締め上げはこの後、約一〇分間続いた。

「なんで行かなきゃ行けないんですか」。取り押さえが終わり、地面に座らせられると、クスノキは職員に尋ねた。

「こちらの事情、収容場所を変えるだけ」

「なんで移動なんですか」

「こっちの事情。誰がどうとかではなくて、それはもう決まったこと」

「おれの知り合いは全部東京にいるんだよ。茨城だと誰も面会に来られないんだよ、わかる?」

「それも踏まえて選定している」

クスノキのもう一つの懸念は東日本センターでこの年の四月にあったインド人男性の自殺だった。

「自殺もしているだろ、今年。ちゃんと答えてよ」。クスノキは立て続けに質した。

「それは今関係ない。あなたを茨城に移動する話。話はもう終わり」。職員にクスノキと話をする気はなかった。

「なんで答えない?」

「いまはそういう話をする場ではないから」

「自殺するところに行かせようとしているんだから、なんで「話をする場じゃない」となる? 一人死んだだろう? なんでそういうところに行かせるんだ?」

「静かにしてください」。クスノキの問いかけに職員が向き合うことはない。制圧が終わると、職員はクスノキを護送車に乗せ、東日本センターへ連行した。

東日本センターは茨城県牛久市久野町にある。クスノキの懸念どおり、東京から行くのはそう容易ではない。JR上野駅（東京都台東区）から常磐線で一時間、牛久駅で降車した後にバスに乗り三〇分。さらに一〇分程度歩くと、雑木林や畑に囲まれる一角に入管施設が目に入る。老朽化した横浜入国者収容所の機能が移る形で、一九九三年一二月に開所した。現在の収容定員は七〇〇人。

東日本センターに到着した翌日、肩の痛みを訴えたクスノキは庁内の医師の診察を受け、左腱板損傷と診断された。腱板は肩甲骨と上腕骨をつなぐ筋肉で、その損傷は力士や野球選手らスポーツ選手に多く発生するけがだ。職員が無理やり後ろ手に手錠を掛けた際、クスノキの肩に相当強い力が加えられた可能性が窺える。十分なリハビリができる環境にはなく、クスノキは現在も左腕を自由に動かせない。

「制圧中、本当に息苦しくて死ぬかと思いました。自分はただ、なんで茨城に移動するのか、その理由が知りたかった。面会に来てくれる友達はみんな東京に住んでいます。入管にとってはどうでもいいことでしょうが、自分にとっては収容場所が東京か茨城かは大きな問題でした。茨城では自殺者もいて、恐怖心もありました。茨城に行く理由をきちんと説明してほしかった。「話をするまでは行きたくない」と職員に言いましたが、「説明の必要はない」の一点張りで、制圧です。こんなことまでする必要はあるのでしょうか」

クスノキは二〇一九年九月、面会に訪れた筆者を前に、唇をかんだ。

「庁内の診察で、医師は「外の病院に行くべきだ」と言いました。だから、その内容を診療情報提供書として書いてほしいと訴えましたが、同席した職員に「そういうことを要求してはいけない」とさえぎられたんです。今も左腕をうまく動かせません。誰かがリハビリの方法を教えてくれるわけでもありません。自分の身体が元に戻るかどうかわからないのが一番心配です」

クスノキは二〇一九年八月、「不必要な制圧で、違法な暴行だ」として、国に五〇〇〇万円の損害賠償を求め、東京地裁に提訴した。

†問われているのは「体質」

全国の入管施設で、職員の制圧による収容者の負傷が相次いでいる。クスノキの例に加え、東京入管で二〇一七年五月、イラン人男性が首や足首を捻挫したほか、同じ東京入管ではトルコ出身のクルド人男性が二〇一八年五月、首を負傷した。大阪入国管理局（現大阪出入国在留管理局、大阪市住之江区）では二〇一七年七月、トルコ人男性が右腕を骨折したほか、同一二月にはペルー人男性が腕の骨にひびが入る重傷を負っている。また少し遡れば、西日本入国管理センター（大阪府茨木市、二〇一五年に閉鎖）で二〇〇二年四月に中国人男性が肋骨を骨折した事案もある。

「権力を行使する者が収容者の人権に配慮する体制がきちんとできておらず、同じことが繰り返し行われている。今後、そういうことのないようにという思いも含めて提訴しました」

大阪入管で骨折したトルコ人男性、ムラット・オルハン（三四）は二〇一八年五月、制圧は違法な暴行に当たるとして、国に約四五〇〇万円の損害賠償を求める訴えを大阪地裁に起こした。

写真14／オルハンが制圧され、負傷した大阪入管＝2018年4月、大阪市住之江区

オルハンの代理人弁護士、空野佳弘が提訴後に開いた記者会見で問題提起したのは長年変わらない入管施設の体質だった。

オルハンは二〇一七年七月、少なくとも七人の職員に制圧され、右腕骨折の重傷を負った。大阪入管作成の内部文書によると、オルハンが睾丸の痛みを和らげる薬を飲んだ際、職員がその服用を確認しようとしたところ、オルハンが拒み本を投げつけたため別室へ連行、うつぶせに倒し手錠をかけた。オルハンが痛みを訴えたため外部の病院を受診、右上腕骨折と診断され、手術を受けた。

「うつぶせに倒され腕をひねられたとき、激しい痛みで動けなくなりました」。オルハンは大阪入管の面会室で二〇一八年五月、筆者にそう証言した。

本を投げつけた理由については、服用確認のときに職員の挑発があったと語った。

「いつもは「口を開けてください」と言うのに、この日は（大人が子どもに言うように）「あー」とかでした。ばかにした態度で、怒りが湧いたんです。手術後のリハビリも十分に受けさせてもらえず、まだ腕がうまく上がりません。ここでは、外国人は人間扱いされません」

入管施設は法務省令「被収容者処遇規則」に基づき運営され、この規則は要件を定めた上で、職員による収容者への実力行使を認めている。規則第一七条第二項は次のように定める。

「被収容者が遵守事項に違反する行為をし、又は違反する行為をしようとする場合には、その行為の中止を命じ、合理的に必要と判断される限度で、その行為を制止し、その他その行為を抑止するための措置をとることができる」

遵守事項に違反するかどうかや合理的に必要な限度がどの程度なのかを判断をするのは入管職員である。大阪入管が制圧事案を自ら広報することはないため、その判断が妥当だったかどうかは裁判でも起こさない限り、誰も検証できない。空野と共にオルハンの代理人を務める弁護士の中井雅人は「骨折するまで腕をひねりあげるのは合理的な範囲を超え、違法な公権力の行使に当たります。オルハンさんは抵抗しておらず、制圧する必要もありません」と批判する。

空野が言葉を継いだ。

「オルハンさんは中に小さな窓とトイレしかない隔離室に連れて行かれ、入管当局からすれば、ここに放り込むだけで自傷他害の防止という目的を達成できるのに、職員は足をかけてオルハンさんを倒した後、押さえ込んで手錠をかけています。権力の乱用であって、人権保障の考えは微塵《みじん》もありません。制圧は収容者に言うことを聞かせるための脅しであり、制裁なんです」

一方、国側は訴訟で、オルハンは興奮しており、暴れて職員を攻撃する可能性があったため、制圧は必要だったと主張している。「骨折の傷害を負ったことをもって合理的に必要と判断される限度の実力行使を超えると評価されるものではない」と付け加え、制圧行為の正当性を訴えている。

職員による収容者への実力行使は、一九九〇年代にも散発的に発生している。毎日新聞によれば、東京入管第二庁舎(東京都北区、二〇〇三年に閉鎖)で一九九三年五月、イラン人男性が職員から頭や顔、腕を殴られたり蹴られたりする暴行事件が発生、一九九四年一一月には違反調査中の中国人女性が顔面を殴られ負傷している。現在は殴る蹴るといった暴力行為は鳴りをひそめたが、日常的に実践される多人数による取り押さえでも負傷事案は後を絶たない。命の危険を指摘する医療関係者もいる。入管施設での面会活動を続ける内科医の山村淳平は「首や胸を押さえつけ、喉の気管も狭くする制圧行為は、場合によっては窒息死を招く可能性がありますす」と危険性を訴える。

「大切なのは収容者との対話や説得であって、取り押さえるのは、入管当局が自らの説明能力の欠如をさらしているようなものです」

入管職員には、収容者と向き合い丁寧な対話を重ねるという態度はほとんどみられない。入管施設では、一般職員が名前を明らかにすることはなく、名札の代わりに番号札を付け収容者に対応する。対等な人間関係はここにはなく、匿名性が無責任体質を生み出すとの批判もある。

制圧という実力行使に至らないまでも、日常的な「嫌がらせ」は数多く伝えられる。東日本センターでは二〇一一年八月、職員が中国人男性に「外国人をいじめるのが楽しい」と暴言を発したことが報じられた（同年一〇月一三日共同通信配信）ほか、大村入国管理センター（長崎県大村市）では二〇一七年一〇月、職員が中国人男性に対し「ボケ」「あほんだら」と発言、センターが規則違反行為として厳重注意処分をしていたことが内部文書で明らかになった。

東日本センターに収容中、制圧を経験したトルコ出身のクルド人男性デニズ（四〇）は「ここが快適な場所だったら日本から出て行かないだろう。お前らを日本から追い出すためにここがあるんだ」と職員から言われたと証言する。収容者の対応に当たる入国警備官には服務心得がある。その第三条は「基本的人権を尊重し、個人の自由及び権利の干渉にわたる等その権能を濫用してはならない」（一九八一年改訂）と定めている。それがどの程度、徹底されているのかはこうした事例から判断できる。弁護士の中井雅人は言う。

「暴言の話は収容者からよく聞き、処分されるのは氷山の一角に過ぎません。収容者の人権を尊重する研修を入管当局がしっかりと実施すべきです」

制圧という名の暴力が相次ぐ背景には、無数の暴言があり、多くの場合それを容認してきた入管当局の姿勢がある。制圧の違法性を問うオルハンの訴訟で、代理人の空野佳弘や中井雅人が問いかけたのはそんな入管職員の気質と入管施設の体質でもある。

†長期化する無期限収容

入管庁は強制退去を命じられた外国人を東京や大阪といった地方入国管理局のほか、東日本センターや大村センターなどの計一七ヵ所に一時的に拘束する。刑法に触れた犯罪者としての拘束ではなく、交通違反と同様の行政処分で、送還を確実に実施するための身柄確保である。居住していた都道府県に近い入管施設に収容されるケースが多いが、どの施設に収容されるかは、入管当局が当該外国人の意向とは無関係に決めている。入管施設では通常、集団の居室に入れられ、施設ごとに異なるが、一日五～六時間程度の自由時間を除き、居室内での生活を強いられる。外部との連絡はテレホンカードを利用した電話（三〇分二〇〇〇円ほど）とアクリル板で分断された部屋での一回三〇分の面会のみだ。刑務所と違い、作業はない。

「食べて寝るだけ。時間を無駄にしているのが一番つらい」。多くの収容者が口をそろえる。

一日数十分の運動時間でサッカーなどを楽しむほか、愚痴の言い合いや気晴らしのカードゲームで一日が過ぎていく。

収容された外国人が送還に同意し出国すれば、拘束は解かれる。だが、母国に帰れば迫害の恐れがあるとして難民申請をしていたり、家族が日本にいたりして同意を拒むと、直ちには送還されず収容が長期化する。出身国政府による身柄引き受けの拒否により出国できないケースもある。実務上、国費による送還は希で、大半の場合、外国人自身に渡航費を負担させていることも背景にある。

入管当局は就労禁止や居住都道府県からの移動禁止などの条件付きで拘束を解く「仮放免」制度を設けている。解放された仮放免者は通常、一カ月に一回程度の頻度で地方入管局に出頭する必要があるが、仮放免の許可が延長されれば、そのまま社会生活を継続できる。入管当局は従来、仮放免を弾力的に運用し、収容期間が長期にわたらないよう運営してきた。

しかし近年、仮放免の許可を出さない傾向が強まっている。入管施設で仮放免申請を却下するほか、一般社会に暮らす仮放免者に対し、その許可を取り消すようになったのだ。入管当局が設定するルールに従えば、仮放免の条件に違反すれば再収容される。だが、仮放免者も生活のためには働く必要があり、入管当局も以前はこうした「不法就労」を黙認、厳しい対応は取らなかった。就労禁止を徹底させ、生活に困窮した仮放免者が窃盗や強盗に及ぶよりも、就労禁止を建前として仮放免者自身に自活してもらうほうが社会秩序の安定につながる。入管当局もそんな考えを持っていたとみられ、暗黙のうちにグレーゾーンが設定されていた。

グレーゾーンが狭まる転機となったのは二〇一三年の東京五輪の開催決定だった。外国人観光客の増加が見込まれる中、入管当局は水際のテロ対策と共に、非正規滞在者の排除を掲げ始める。「我が国社会に不安を与える外国人」と位置づけ、法務省入国管理局（当時）が各地方入管局に取り締まりを強化するよう指示を出した。

中でも目を付けられたのが仮放免者で、日常生活を調べ、条件違反のあった場合は仮放免許可を取り消し、再収容するよう求めた。二〇一四年には、関東甲信越を所管する東京入管に仮放免者の生活を監視する部署を新設、取り締まり強化を本格化した。予告なしに仮放免者の自宅を訪れ、その周辺を聞き込みする。動静監視を幅広く実施するようになり、入管当局は不法就労など条件違反の仮放免者を見つけては次々と再収容し始めた。二〇一五年以降、仮放免の許可書に「職業又は報酬を受ける活動に従事できない」と条件を明示的に記載、グレーゾーンが消えていった。

「二〇一六年一二月に二人の入管職員が突然、家に来ました。同意書のような文書にサインをさせられると、中まで入ってくるんです。大工の仕事を三〇年近くしてきましたが、給与明細が見つかり、翌一月に仮放免の延長のため東京入管に出頭すると、「仕事をしているからだめだ」と言われ、収容されました」

不法残留状態で二七年間暮らすフィリピン人男性(五五)は東日本センターの面会室で二〇一八年一月、収容されたいきさつを筆者に説明した。「子どもが三人いますが、誰が養ってくれるのでしょうか」

家庭訪問による調査は任意で、入管当局は「本人の同意も得ている」と強調する。だが、入管問題に詳しい弁護士の駒井知会は「入管当局が大きな権限を持つことを考えれば、実際には拒めません。「任意」という名で調査されている点が危険です」と懸念を示す。

入管庁によると、就労禁止の条件違反などを理由に仮放免許可が取り消され、再収容された外国人は二〇一七年に五三七人。一二一人だった二〇一二年と比べ、四・四倍になった。呼応するように全収容者数も増加、二〇一二年一一月の一一〇四人から二〇一八年一〇月には一四三三人に増加した。収容期間も長期化し、同期間に半年以上収容される外国人の割合は三〇%(三三五人)から五〇%(七一三人)に急増した。入管施設への入り口を広げ、出口を狭めたのである。無期限の長期収容で非正規滞在者を精神的に追い込み、送還への自発的な同意を迫る方法に切り替えたとみられている。

その後、入管当局の思惑どおり、長期収容に耐えかねて送還に同意する非正規滞在者が増え、二〇一九年六月時点で全収容者は一二五三人にまで減少した。一方で、半年以上の長期収容者は六七九人で、その比率は五四％とさらに高まった。三年以上の収容者も七六人を数える。最長は二〇一二年九月から収容されているイラン人で、約八年間の難民申請者だ（二〇二〇年八月時点）。入管当局の担当者は収容強化の理由を東京五輪に向けた治安対策だと明言し、「外国人犯罪が増えれば、五輪の成功に水を差す」と説明した。根拠となるデータはないが、「体感的に不法滞在者が犯罪の温床になっていると感じている」と言い切った。

収容者の多くが難民申請中である点を踏まえ、全国難民弁護団連絡会議代表の渡邊彰悟は入管当局の方法に疑問を投げ掛けている。

「保護を求めて来日したのに、難民申請者が音を上げて帰国するのを迫るというのは歪んだやり方です。迫害の恐れのある本国への送還を禁止する難民条約の趣旨にも反しています。動静監視の強化は人格の否定につながりかねない非人道的な扱いで、ただちにやめるべきです」

†それは「予防拘禁」か

「治安維持法がよいと言う人は現在、いないと思います。けれども、入管当局が今やっているのは治安維持法に規定された予防拘禁よりもさらに酷いことです」。二五年近く弁護士として入管問題に向き合う児玉晃一は二〇一九年一一月八日、東京・内幸町の日本記者クラブで記者会見し、入管収容と戦前の予防拘禁とを比較しながら、入管収容の非人道性を訴えた。

児玉の念頭にあるのが「仮放免運用指針」だった。法務省は二〇一八年二月二八日、入国管理局長、和田雅樹名で各入管施設長宛てに指示文書を発出、「仮放免運用方針」と名付けられた文書を添付した上で、「送還の見込みが立たない者であっても、収容に耐えがたい傷病者でない限り原則送還が可能となるまで収容を継続」するよう号令をかけた。この指針は、仮放免が適当でない者として次の八類型を例示、収容を徹底するよう求めている。

①　殺人、強盗、人身取引加害、わいせつ、薬物事犯等社会に不安を与えるような反社会的で重大な罪により罰せられた者
②　犯罪の常習性が認められる者や再犯の恐れが払拭できない者
③　社会生活適応困難者（ドメスティック・バイオレンス〔DV〕加害者や社会規範を守れずトラブルが見込まれる者など）
④　出入国管理行政の根幹を揺るがす偽装滞在・不法入国等の関与者で悪質と認められる者
⑤　仮放免中の条件違反により、同許可が取り消され再収容された者
⑥　難民認定制度の悪質な濫用事案として在留が認められなかった者
⑦　退去強制令書の発付を受けているにもかかわらず、明らかに難民とは認められない理由で難民申請を繰り返す者

⑧　仮放免の条件違反のおそれ、又は仮放免事由の消滅により、仮放免許可期間が延長不許可となり再収容された者

「入管施設への収容は送還のための身柄拘束です。八類型はいずれも入管難民法の趣旨から逸脱した目的外の収容で、入管当局がそれを公然と認めている点に大きな問題があります。罪を犯すかもしれないという理由で人間を拘束するのは予防拘禁に当たります」。児玉が解説する。

一九二五年に治安維持法を制定した戦前の日本政府は一九四一年の法改正で予防拘禁制度を導入した。予防拘禁は刑期満了後も再犯の恐れがある者を引き続き拘束しておく制度で、主として思想犯に利用された。「治安維持法の目玉といえる制度」（中澤俊輔『治安維持法』）とも指摘される。再犯の恐れが顕著な場合、検察の請求に基づき裁判所が対象者の陳述を聞いた上で決定でき、期間は二年間。更新には再度、裁判所の決定が必要だった。調査した児玉によれば、予防拘禁が認められた人数は一九四一年五月から一九四五年五月までで六二人という（児玉晃一「まず、人間として迎えよ」『世界』二〇一九年一二月号）。

入管庁によれば、入管施設に収容されている外国人で、送還に応じないのは八五八人（二〇一九年六月時点）。うち過去に有罪判決を受けたのは三六六人いる。仮放免運用指針に従えば、前科者は収容を継続するべき者となるが、予防拘禁で拘束が継続した人数よりも遥かに多くな

る。入管庁は「我が国で罪を犯し、刑事罰を科された者などを仮放免することは我が国の安全安心を確保する観点から認めるべきではない」と公然と言い切る。

だが、刑罰法令違反を理由に強制退去処分となった外国人もすでに服役し、刑期を終えている。前科者が社会の安全安心を脅かすとの考えに従えば、日本人受刑者はどうなるのか。入管庁の理屈に従えば、前科者の中でも日本人は安全だが、外国人は危険ということになるが、合理的な説明はない。

入管庁の担当者は取材に対し「哲学としては同じ人間だが、国の管理として考えると、外国人と日本人は違う。外国人は罪を犯せば、刑罰を受けて帰国するだけだ。日本人には行き場がない」と強調する。しかし、ここで問題になっているのは、帰るに帰れない事情を抱えた外国人である。日本人の前科者が安全で、外国人が危険な根拠を尋ねたが、明確な回答を避け「外国人は罪を犯せば帰国するだけだ」と繰り返した。予防拘禁との批判が高まっている点についても「入管の立場で予防拘禁や治安維持法に絡む評価はできない」と述べるだけだった。

児玉は記者会見で強調した。

「入管収容には、事前の司法審査も期限の定めもありません。国会の議論を経た法律でもなく、入管局長の内部通達だけで解放すべきか否かの基準を決定しています。恥ずかしげもなく、前科者を収容するのは問題ないと堂々と言っています。現在の入管収容は治安維持法の予防拘禁

	2014年	2015年	2016年	2017年	2018年
退去強制令書の発付件数	5821	6589	7241	8130	8865
送還件数	**5542**	**6174**	**7014**	**8145**	**9369**
（うち国費送還）	235	228	338	428	517
（自費出国）	5228	5853	6575	7622	8755
（その他）	79	93	101	95	97

図表１　退去強制令書の発付件数と送還件数
入管庁資料を基に筆者作成

よりもさらに酷い人権侵害なんです」

入管当局は不法残留など強制退去事由に該当すると疑われる外国人を原則、全員収容する。「全件収容主義」と呼ばれ、身柄を拘束したまま退去強制手続きを進める。収容期間は最大六〇日間で、この間に最終処分が決まり、退去強制令書が発付されれば、無期限の収容へと移行する。二〇一八年で見てみると、入管当局は八八六五人に退去強制令書を発付し、九三六九人を実際に送還した。二〇一八年以前に退去強制令書を受けた外国人も含むため、送還者数のほうが多い逆転現象がみられるが、大半の外国人が強制退去処分を受ければ、日本から出国していることがわかる。送還に応じない、あるいは応じられない外国人は全体から見ればわずかである（図表１）。

入管難民法は、入管当局は強制退去の決まった外国人を速やかに送還しなければならないとし、直ちに送還できないときは送還可能なときまで入管施設に収容することができると規定している。これが無期限拘束の根拠となっているが、一方で送還できないことが明らかになったときは、住居及び行動範囲の制限など条件を付して放免できるとしている。

この条文からは本来、入管施設は送還の見通しの立たない外国人を長期収容する場所ではないことがわかる。事実、そうした説明をする資料は豊富にある。法務省大村入国者収容所（現大村入国管理センター）が一九七〇年一〇月に刊行した『大村入国者収容所二十年史』は「収容業務の目的が送還までのいわゆる船待ち滞在の性格を有する」と記しているし、法務省入国管理局参事官室補佐官（当時）だった齋藤利男らは一九九五年、入管難民法の教材『出入国管理法講義』（法務省入国管理局出入国管理法令研究会編）で「被退去強制者の収容は、送還のためのいわゆる飛行機待ち・船待ちのため収容するものです」と説いた。いずれも、入管関係者が「飛行機待ち・船待ちのための収容だ」と強調している。

また、過去の国会答弁も知られている。法務省入国管理局長だった鈴木一は一九五四年二月三日の衆議院法務委員会で、入管施設を巡りこう述べた。

「ここはもちろん刑務所でもないし、犯罪人を扱うところでもない。単に帰国する人たちの船待ちである。特に外国人であり、わが方と対等なりっぱな人たちを扱うのであるから、その精神で第一線の外交官たれということをすみずみまで徹底させて扱っておるわけであります」

ここでも登場するのが「船待ち」との表現である。入管難民法は明文化していないが、入管収容を当初、どの程度の期間として想定していたのかが浮かぶ。鈴木一は同年一二月一二日の参議院法務委員会では、収容期間が二〜三年になれば問題だと答弁した。入管庁は現在、入管収容について「在留活動を禁止するため」と法解釈を変え、無期限の長期収容を正当化する。

二〇一九年四月に入管庁長官となった佐々木聖子は同年七月一七日、東京・内幸町の日本記者クラブで会見し、長期の無期限収容を巡り、次のように述べた。

「帰国すれば収容者は明日にでも入管施設から出られます。送還を迅速に行うことで長期収容を解消したいと考えており、期間に上限を設けるべきだという意見もあるが、収容施設の性質からして取るべき方策ではないと思っています」。無期限収容については、自由権規約委員会や人種差別撤廃委員会など国連機関も人権上の懸念を表明しており、筆者はこの会見で国連の懸念に対する入管庁の見解を質したが、佐々木は回答を避けた。

入管庁のかたくなな姿勢に児玉は憤る。

「昔のほうがよほど、人権意識がきちんとしています。六五年たって人権状況が悪化した分野は入管以外にないのではないでしょうか。収容期間に上限を設けて、収容に当たっては裁判所などの事前の司法審査を設けるべきです」

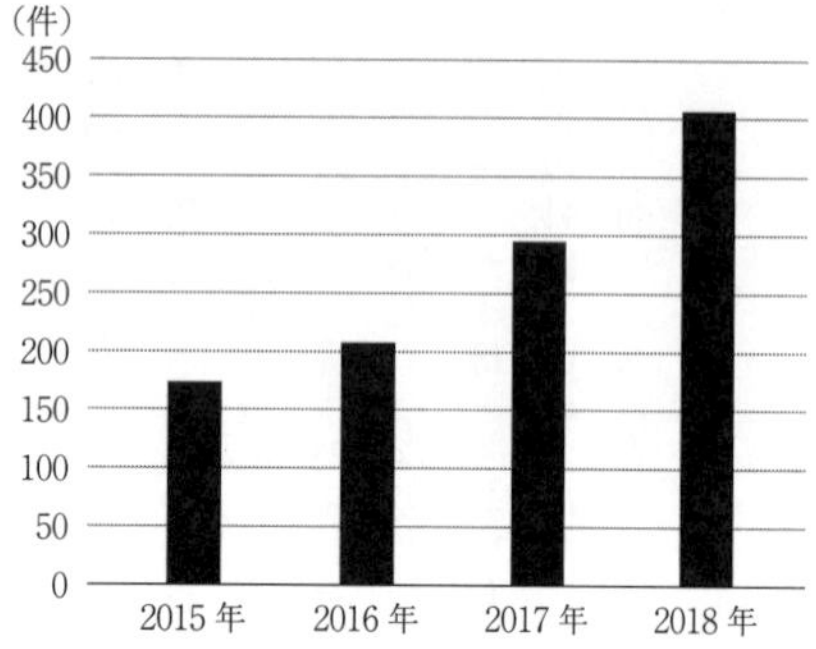

図表２　隔離措置の件数の推移
入管庁資料を基に筆者作成

†横行する「懲罰」

収容期間の長期化に伴い、入管施設では職員への反抗や自傷行為などトラブルを起こした収容者に対する隔離措置が急増している。二〇一五年の一七四件から二〇一八年には四〇七件と三年の間に二・三倍になった（図表2）。隔離措置は収容者や入管職員の間で「懲罰」と呼ばれ、入管庁は「秩序維持のために必要だ」と説明する。制圧と同様、法務省令「被収容者処遇規則」が要件を規定。所長は、収容者が次の行為をした場合、ほかの収容者から隔離できるとしている。

①逃走、暴行、器物損壊その他刑罰法令に触れる行為をすること
②職員の職務執行に反抗し、妨害すること
③自殺又は自損すること

入管庁は公式見解として「懲罰は存在しない」と説明するが、自ら「秩序維持のために必要」と言うように、隔離措置は制圧と並び恐怖支配のための暴力装置として機能する。日本弁護士連合会によると、各施設により構造は若干異なるが、隔離室――内部では「懲罰房」と呼ばれている――の広さは約三平方メートル。二四時間監視されるほか、トイレは囲いのないむき出しで、監視室からの視線に完全に曝される。高まる孤立感と監視の中で、収容者は精神的に追い詰められる。

東京入管で二〇一八年五月、断続的に計約一〇日間、隔離されたトルコ出身のクルド人男性ウチャル・メメット（二八）は「懲罰」の体験をこう振り返る。

「あいさつも含めてしゃべるのは禁止と言われました。何もすることがないから外を見ているだけです。一日がなかなか終わらないんです。「こんなところにいて何になるんだ」とか「死んだほうがましだ」とか、そんなことばかり考えていました。ごはんが食べられなくなり一〇日間で四キロ体重が減りました」

入管施設の「懲罰」の歴史は古く、大村収容所では一九五〇年代にすでに存在している。自らも収容経験のある在日朝鮮人の任錫均は朴正功のペンネームで一九六九年に著した『大村収容所』の中で、「隔離収容とは刑務所の刑罰独居拘禁のことである」と指摘。収容中に隔離措置となった朴時文が一九六八年二月、京都大学新聞に寄せた手紙を紹介している。

「抗議も何も受け付けず、隔離棟に収容され、「一切ほかの棟の収容者と言葉を交わしてはならない。それはあいさつをも含む」と言い渡され、窓も開けられないばかりか、顔をガラス越しに出すことすら禁じられていたのです」

会話は禁止、あいさつを含む。ウチャルが「懲罰」にあたり、職員から告げられた言葉は五〇年前に隔離された朴時文のそれと同じ言葉だった。驚きを禁じ得ないほど変わらぬ入管体質の一つの表れである。

隔離措置が近年急増する背景には、長期収容による収容者のストレス増大がある。東京入管で収容者の精神医療に当たる都立松沢病院の精神科医、大澤達哉は「入管収容は期限が見えないほか、強制送還される場合もあり、先の見えない不安要素が刑務所の服役より大きいのが特徴で、ストレスにつながります」と指摘する。

「『離れてしまった家族に会いたい』『内戦のある母国に戻りたくない』といった悩みから抑うつ気分に陥ったり、絶望感を抱いたりする収容者も多くいます。こうした適応障害の場合、元々の人格により攻撃性が高まる人もいるし、自傷行為に走る人もいます。不眠や過呼吸、妄想などの症状は薬物療法で対処できますが、不調の根本原因は拘禁にあります。拘禁が解かれない限り、根本的な治療は難しいのが現実で、精神医療だけの問題ではありません」

東日本センターでは、二〇一九年六月時点で収容者三一六人の九五％が医師による処方薬を所持しており、睡眠導入剤を服用する収容者も多く、長期収容がいかに心身を疲弊させるかがわかる。入管当局のまとめでは、二〇一七年には計四四件の自殺未遂が発生した。二〇一八年九月に東京入管で自殺未遂したトルコ出身のクルド人男性（三九）は振り返る。

「七人部屋にいましたが、食事中に突然暴れてしまいました。何でもいいから死にたいと思って壁やテーブルに頭を打ち続けたんです。やってきた職員に制圧され手錠をかけられた後、懲罰房に連れて行かれました。適応障害、パニック障害と診断されています。時々、手が勝手に震えます」

二〇一八年四月一三日には、東日本センターのシャワー室でインド人男性ディパク・クマル（三二）がタオルを首に巻き、自ら命を絶った。前日に仮放免申請が不許可になり、絶望したのが原因とみられている。自殺を巡り、同一五日から収容者によるハンガーストライキが発生、四〇人以上の規模に広がり約一週間続いた。

「職員は遺体をシャワー室から運び出したら、それで終わりという感じでした。クマルの苦しみを理解しようともしないし、人間としても扱わない。職員に追悼する様子はなく、花束一つ用意しないため収容者の間に怒りが広がりました」

ハンストに参加したイラン人男性（五一）が指摘する。長期収容への抗議とクマルへの追悼の意味を込めたハンストだった。東日本センターの担当者は自殺から三日後の同一六日、取材に対しこう答えている。
「花を供える準備に時間がかかっているんです」

†強制送還の失敗、入管に広がった「屈辱」感

入管当局がここ数年、東京五輪の治安対策を名目に仮放免の運用を厳格化し、収容を強化した背景には、仮放免者数の急増がある。一九九八年末には、わずか九一人だった仮放免者数が二〇一五年末には三六〇六人。収容強化により二〇一九年六月時点で二三〇三人にまで減少したが、二〇年の間に数十倍に膨れあがっているのだ（図表3）。

仮放免者数の急増理由としては、来日外国人数の大幅な増加も挙げられるが、難民申請者に対する強制送還の停止措置の導入や強制送還中にガーナ人男性が死亡した事件が大きく影響している。特に、入管当局にとって後者のインパクトは大きかった。この事件により入管当局はしばらくの間、出国に応じない、入管当局が呼ぶところの「送還忌避者」の強制送還を全面的に停止したのだ。送還ができない上、当時は長期収容を避けていたため、一定の期間を経ると収容者は拘束を解かれ、仮放免者数が大幅に増加する結果となった。

二〇一〇年三月二二日、成田空港で強制送還されそうになったガーナ人男性、アブバカル・アウドゥ・スラジュ（四五）は手錠と腰縄で連行され、搭乗を拒むと複数の入管職員に抱きか

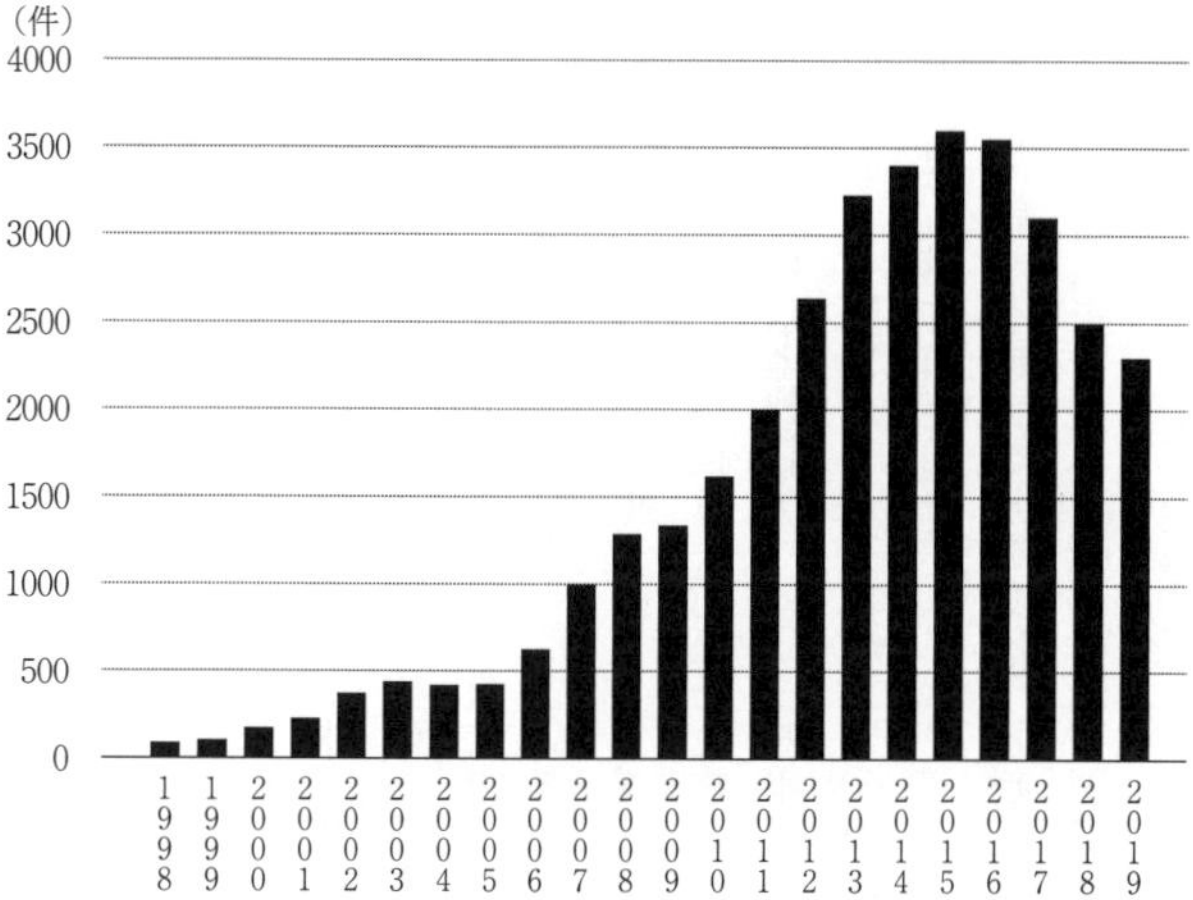

図表３　退去強制令書に基づく仮放免者数の推移
入管庁資料を基に筆者作成。各年末の人数（2019年は6月末時点）

かえられながら飛行機に乗せられた。両足首にも手錠がかけられ、最後列の座席に押し込まれている。職員は口にタオルをかませて猿ぐつわのように結び、首を押さえ込んだところ、スラジュは動かなくなり、搬送先の病院で死亡が確認された。死因は不明である。

スラジュは二〇年以上日本に暮らし、妻は日本人だったが、不法残留が発覚し強制退去の対象となった。千葉県警はこの年一二月、特別公務員暴行陵虐致死容疑で入管職員一〇人を書類送検している。一一年八月には、日本人の妻が国と関わった入管職員に計約一億三〇〇〇万円の損害賠償を求め提訴した。スラジュ事件は「日本の後進性の象徴」として大きな非難を浴びた。

入管当局はそれまで、送還に応じない外国人に対してもスラジュと同様、時には強引な方法で送還してきた。入管当局によれば、二〇〇八年には一六〇人、二〇〇九年には一七一人が出国を拒みながらも、送還させられている。しかし、入管当局はスラジュ事件を機に、送還に応じない外国人の送還を停止した。二〇一一年、二〇一二年はいずれもゼロだ。元入管職員で、現在は外国人の支援活動に携わる木下洋一が指摘する。

「入管当局は強制送還を業務の柱の一つとしていて、送還ができずに強制退去の対象者が増えていくのは屈辱でした。入管職員にとって送還できるかどうかは人事評価にも関わる一大事ですから。送還してなんぼの世界なんです」

千葉地検は二〇一二年七月、スラジュ事件を巡り、入管職員一〇人を不起訴処分にした。毎日新聞によると、地検は「行為と死亡の因果関係はなく、適法だった」と説明している。民事訴訟でも、東京地裁判決は二〇一四年三月、死因は窒息死で、職員による過剰な制圧行為が原因だとして、国に対し遺族に約五〇〇万円を支払うよう命じたが、東京高裁が一審判決を取り消し、最高裁で確定した。

入管当局は不起訴処分を受け、強制送還の再開に向けて動き出す。二〇一二年一二月、一部の強制送還にチャーター機を利用、国ごとにまとめて送り返す新たな方針を打ち出した。周囲に民間人がいないほうが業務をしやすいとの考えだ。フィリピン人七五人を乗せたチャーター機が二〇一三年七月に首都マニラに向けて出発したたのを皮切りに、入管当局はチャーター機による集団送還を毎年度一〜二回実施する（図表4）。送還される外国人の選定基準が公表されないほか、手錠の使用もあり「非人道的」との批判が高まるが、「批判には当たらない」と繰り返している。入管当局は二〇一三年、民間機を利用する個別送還も再開している。

年	人数	送還先	費用
2013年7月	75	フィリピン	1600万円
2013年12月	46	タイ	2400万円
2014年12月	32	スリランカなど	4000万円
2015年11月	22	バングラデシュ	3500万円
2016年9月	30	スリランカ	3700万円
2017年2月	43	タイなど	2700万円
2018年2月	47	ベトナム	2600万円
2020年3月	44	スリランカ	4000万円

図表4　チャーター機による集団強制送還の人数
入管庁資料を基に筆者作成

入管当局は同年一〇月、全国の地方入管や入管施設の幹部を集めた会議で、チャーター機による強制送還を自画自賛した。議事概要を記した内部文書を見ると、当時の高揚感が伝わってくる。法務省入国管理局長は次のように述べた。

「神経を使いながら大変な思いの中で、成功に導いていただいたことについては、本当に一言で申しますと「お見事でした」と思っております」

「三年近く送還が止まっていたために、みなさまのご苦労について理解できたところです。送還がうまくいかなければパイプが詰まってしまい警備全体の業務が滞ります」

「（出国を拒む）送還忌避者の増加及び滞留は、出入国管理行政の根幹を揺るがしかねないゆゆしき問題であるばかりでなく、仮放免者の就労問題も看過できないものとなっているところであることから、いかに送還忌避者を送還していくのかが当局における現在の最重要課題の一つであるといえます」

入管当局の強制送還に対する強い意志、仮放免者に対する深い嫌悪感が垣間見える。入管当局は出国に応じない外国人を「送還忌避者」と名付け非難するが、長期収容を余儀なくされ、または仮放免という不安定な立場に追い込まれながら、なぜ出国に応じないのか。当事者の考えを理解しようとする姿勢はここからは窺えない。非正規滞在者は刑法に触れた犯罪者ではなく、単に入管当局の線引きにより在留資格のない状態が続く外国人である。だが、「出入国管理行政の根幹を揺るがす」との表現からは、自分たちの権威を失墜させる存在として恐れているようにさえ感じられる。

入管当局が「送還忌避者」の増加に頭を悩ませていた時期に決まったのが東京五輪の開催だった。木下洋一が解説を続ける。

「送還忌避者や仮放免者が増えて対策強化を練っていたところに東京五輪が決まりました。入管当局は便乗し、テロ対策を重視する政府全体の方針に合わせながら、非正規滞在者を危険な存在と位置づけ排除を宣伝するようになります」

東京五輪は入管当局にとっては願ったり叶ったりの一大イベントのようだ。難民選手団の受け入れを歓迎する一方、自国に保護を求める多くの難民申請者らを強制的に追い返そうとする日本政府。東京五輪で追い詰められる難民申請者をはじめ非正規滞在者を見ると、東京五輪とは何かを改めて考えさせられる。

2 医療放置

†職員による「容体観察」

「お腹が痛い……」。二〇一八年六月三日、東京入管。トルコ出身のクルド人男性ディヤル（仮名、三〇）は急な腹痛に襲われ、職員に医師の診察を申し出た。職員は午後五時ごろ、「様子を見る」と言いディヤルを監視カメラ付きの一人部屋へ移送した。翌四日未明、ディヤルは「すごく痛いから病院へ連れて行って」と壁を叩き訴えたが、職員が返した言葉は「大丈夫。壁を叩くな」。もうろうとする意識、額に浮き出る脂汗。痛みが増す腹部を抱え、ディヤルは一人部屋でうずくまる。なすすべがなかった。ディヤルは同午前九時半ごろ、職員に「治ったから元の部屋に戻してほしい」と平静を装い依頼する。元の四人部屋に戻ると、ほかの収容者たちが異常に気がつき、職員に強く直訴、昼過ぎに都内の病院へ搬送された。急性虫垂炎との診断で緊急手術、腹膜炎も併発していた。激痛を感じてから二〇時間以上経過後の処置だった。ディャルは振り返る。

「夜中に壁を叩いたときは、意識がほとんどありませんでした。自分が訴えても病院に行けないなら、ほかの収容者に助けてもらうしかないと思い、「回復した」と嘘をついたんです」

結果として、この判断がディャルの命を守った。入管施設で面会活動を続ける内科医の山村淳平が指摘する。

「初動が遅かったため、炎症が腹膜にまで広がりました。手術がさらに遅れていたら腹膜炎から敗血症になって、死に至る可能性もありました」

入管施設では、収容者が体調不良を訴えた場合、病院へ連れて行くかどうかを事実上、職員が判断する。「容体観察」と称し、監視カメラ付きの部屋へ移送して様子を見るという。東京入管は「容体観察は病状の急変に備えるための予備的措置だ」と説明する。だが、ディャルが壁を叩きながら、病院への搬送を懇願した状況は東京入管の内部文書では、「「お腹痛いよ」と収容所内に響き渡るほどの大声を出したため制止した」「事情聴取及び生活指導を実施した」と記載されている。

「激痛のため大声を出した行為を不良な生活態度とみなす職員の判断は狂気の沙汰としか言いようがありません」

ディャルの代理人弁護士、大橋毅は一連の搬送劇を聞いて憤った。内科医の山村淳平が続ける。

「医療関係者ではない職員に容体観察などできるわけがありません。極めて危険で悪質な行為です」

入管施設には二〇一九年一二月時点で常勤の医師はおらず、非常勤医師が対応している。例えば東日本センターでは、医師数は一四人。平日に限り一日四時間ほど診療を実施する。緊急時を除き、収容者が通常、医師の診察を希望する場合、職員に申し出て、職員が内容を聞き取った上で申出書に記載する仕組みで運用されている。

東日本センターが二〇一八年二月、認定NPO法人「難民支援協会」との意見交換で明らかにしたところによると、収容者が申出書の提出後、実際に診療を受けるまでに平均一四・四日かかり、最長で五四日間待機させられるケースもあった。医師の診察をなかなか受けられないとの収容経験者の証言は相次ぐ。中には、「風邪をひいたので診察を希望したら一〇日以上待たされて、医師に診てもらうころには回復していた」という笑えない話も多々ある。急を要する場合でも多くの場合、容体観察が実施され、すぐに救急車が呼ばれることは希だと多くの収容者が口にする。また、医療法は各病院や診療所に医師の名前を掲示するよう義務付けているが、医療法施行令により入管施設では、医師が名前を明かさない点にも大きな特徴がある。

不十分な医療体制に対しては、国連機関からも厳しい目が注がれている。国連拷問禁止委員会は二〇〇七年、日本政府に対し「入管施設における医療へのアクセスの欠如に関し多くの申し立てがある」と懸念を表明した。二〇一〇年には、移住者の人権に関する国連特別報告者のホルヘ・ブスタマンテ氏が「糖尿病の収容者に痛み止めしか与えられず、体調が顕著に悪化したとの報告がある」と強調した上で、「医療水準改善のための緊急措置を取るべきだ」と報告している。

東日本センターが毎年作成する業務概況書は二〇一〇〜二〇一二年版で「詐病やささいな病により診療を要求するものが多いなど、医療上の処遇にも難渋している」と記載。医師ではない職員が収容者の愁訴を詐病と判断する根拠は不明だが、第三者が閲覧する報告書にさえ「詐病が多い」と記す姿勢に入管当局の収容者へのまなざしが表れている。二〇一三年版以降は「詐病」との表現は消えたが、入管施設は現在も、収容者の診療に極めて消極的な姿勢をとり続けている。法務省入国管理局（当時）は二〇一六年八月、総務課長と警備課長連名で全国の入管施設長宛てに「被収容者の適正な処遇に係わる経費について」との文書を通知した。曰く「外部医療機関の受診を抑制するよう努めること」。こうした土壌において、度々発生するのが収容者の死亡事案である。

†断末魔の「アイム・ダイイング」

病死、自殺、餓死……。入管施設では二〇〇七年以降、一五人が死亡している（図表5）。東京入管局長、福山宏は二〇一九年五月、立教大学（東京都豊島区）で開かれた移民政策学会の講演で、入管施設の医療問題を巡り、こう言い切った。

「ぼくらの施設で死亡事案が起きたら、ぼくらの責任なんです。明らかに」

だが、福山の発言とは裏腹に、現実には死亡事案が発生しても入管当局は「不適切な対応だったとは言えない」との説明に終始、幹部や担当者を処分したとの発表はない。そんな中、東日本センターで体調不良を訴えたのに放置されたとして、死亡したカメルーン人男性サミュエル（仮名、四三）の遺族が二〇一七年九月、国に一〇〇〇万円の損害賠償を求めて提訴した。

「アイム・ダイイング（死にそうだ）……」。二〇一四年三月二九日午後七時過ぎ、体調不良の収容者を容体観察する東日本センターの休養室。糖尿病の持病があるサミュエルはうめき声を上げベッドから転落、床の上を転げ回り、声を出した。三月二七日に「気分が悪くて立てない」と訴えたことで休養室へ移送、カメラによる監視下に置かれた。二日後の夜、容体は変化した。車いすに乗りうめき声を上げる。やがてずり落ち、床に寝た。「みず、みず、あー！」。サミュエルが叫ぶ。「死にそうだ。胸が痛い」。テーブルにつかまり立とうとするが、くずおれ

	発生年月	場所	当事者	理由
1	2007年2月	東京入管	ガーナ人男性(50代)	肺炎
2	2008年1月	西日本センター	インド人男性(20代)	縊死(自殺)
3	2009年3月	東京入管	中国人男性(30代)	縊死(自殺)
4	2010年2月	東日本センター	ブラジル人男性(20代)	非定型縊死(自殺)
5	2010年4月	東日本センター	韓国人男性(40代)	縊死(自殺)
6	2010年4月	東京入管	フィリピン人女性(50代)	不詳
7	2010年12月	東京入管	フィリピン人女性(50代)	急性心筋梗塞
8	2013年10月	東京入管	ミャンマー人男性(50代)	くも膜下出血
9	2014年3月	東日本センター	イラン人男性(30代)	低酸素性脳症
10	2014年3月	東日本センター	カメルーン人男性(40代)	病死
11	2014年11月	東京入管	スリランカ人男性(50代)	急性心筋梗塞
12	2017年3月	東日本センター	ベトナム人男性(40代)	くも膜下出血
13	2018年4月	東日本センター	インド人男性(30代)	縊死(自殺)
14	2018年11月	福岡入管	中国人男性(60代)	多臓器不全
15	2019年6月	大村センター	ナイジェリア人男性(40代)	餓死

図表5　2007年以降、入管施設内で発生した死亡事案
入管庁資料などを基に筆者作成

た。車いすに乗れず、立つことも座ることもできない。ただ、床を転げ回っていた。

一方、モニター監視に加え、職員は適宜休養室を訪問している。マットレスを搬入し床に寝床をつくった。ベッドに上れないサミュエルを床に寝かせた。血圧も測定した。「がんばれよ」とも声をかけた。しかし、苦しむサミュエルを病院に連れて行くことはなかった。

翌三〇日午前七時二分、休養室を訪れた職員が心肺停止に気がつき、救急搬送を要請。牛久愛和総合病院(茨城県牛久市)で午前八時七分に死亡が確認された。高カリウム血症に

よる急性不整脈死、急性腎不全、急性不整脈死……。いくつかの可能性が挙げられているが、決定的な死因は今も判然としていない。

入管当局は同年九月、サミュエルの死亡に関する調査報告書を公表した。第三者機関による調査ではなく、内部調査である。報告書は「単に容体観察を続けたのみであったことも対応として最良であったとは言えない。容体観察時における医師への相談体制を築き上げる必要が生じている」と指摘する一方、「職員らが医学的な専門知識を有するわけではないため、本事案が救急要請するほどの状態と認識しなかったのもやむを得ない」と強調した。

サミュエルの代理人となった弁護士の児玉晃一らは訴訟に当たり、証拠保全手続きで、容体観察の様子を撮影した監視カメラ映像を確認した。二〇一九年五月二四日に水戸地裁で開かれた口頭弁論で一部を上映。映像には、サミュエルが二〇一四年三月二九日夜から三〇日早朝にかけてベッドから床に転落し、「アイム・ダイイング（死にそうだ）」と声を上げる様子が収められている。

また容体観察に当たり、センターが動静日誌と題された文書を作成していたことも判明した。時間、異常の有無、確認状況などの項目で監視カメラ映像を見ながら、担当者が状況を記す報告書である。こんな具合に記載されている。

「二〇時四一分、異常なし、床を横になりながら転がっている」

「二一時三〇分、異常なし、床を横になり動き回っている」
「〇時三五分、異常なし、床をズボン一枚で転げ回っている」
「一時二六分、異常なし、床にハーフパンツ一枚で横向きになっている」

体調不良を訴えている収容者がベッドから転げ落ちた後、床で「転がっている」あるいは「転げ回っている」と表現される状態が「異常なし」と判断されている。東日本センターはサミュエルが救急搬送される前の一二時間、三月二九日午後七時から三〇日午前七時までのあいだに二二回、容体観察の経過を動静日誌に記録した。「異常あり」とされたのはベッドから床に落下したときの一回のみで、「一九時一四分、異常あり、ベッドから落ちる、看責副看（看守責任者と副看守責任者とみられる）対応」としている。監視カメラ映像や動静日誌からはサミュエルが死に至る一二時間の間、もがき苦しんだ様子が伝わってくる。児玉晃一は指摘する。

「座ることさえできない状態で死にそうだと何度も叫んでいるのに、職員は医師に知らせずに放置しています。何のための容体観察なのでしょうか。職員の意識の低さも問題ですし、ひょっとしたら詐病と疑っていたのかもしれません」

被告となった国は訴訟で「措置は適切であり、注意義務違反があったとは言えない」と言い続ける。容体観察を巡り、「自力で立つのは困難だったと思われるが、突然の激痛や息苦しさなどの症状を訴えているとは認められず、救急搬送が必要な状態だったとは言えない」と主張した。「立ち上がろうとするも立ち上がれなかったが、手足や身体を頻繁に動かして床の上を移動し、車いすを手元に引き寄せて立ち上がろうとするなど手足が動かない状態ではなかった」

東日本センターでは二〇一七年三月にも、ベトナム人男性（四七）がくも膜下出血で死亡した。三月一八日に頭痛を訴えて以降、休養室での容体観察と居室での静養を繰り返した末、二五日未明に死亡が確認されている。一八日に頭痛を訴えた際、男性の意識はもうろうとし、枕カバーには血のような染みがあった上、休養室への移動後、失禁もあったという。それでも、病院へは搬送されず、容体観察となった。入管当局は同一一月、内部調査の結果を公表、「職員において、くも膜下出血など死に至る可能性のある疾病に罹患していることを認識することは困難」と言及し、対応に問題はなかったとして幕引きを図った。「頭痛薬を服用してしばらくすると、痛みが収まっていたことなどから、容体観察を行い、その結果を踏まえて医師による診察を受けさせる必要性を判断するとしたことが誤った判断だったとは言いがたい」。サミュエルと同じ失敗が繰り返されている。内科医の山村淳平は指摘する。

「医療の素人は目の前に様子のおかしい人がいれば、救急車を呼びます。入管職員がそうしないのは収容者を同じ人間と見ていないことの表れです」

†病院連行時は手錠と腰縄

入管施設の医療を巡り、容体観察の是非に加え、人権上の懸念が広がっているのが病院連行時の手錠、腰縄問題である。入管当局は「外部医療機関への連行時においては一般的に逃走、自傷他害等防止のため手錠及び捕縄を使用するが、周囲から見えないよう配慮している」と説明する。しかし、多くの収容経験者が「病院の待合室を手錠、腰縄を付けたまま歩かされた」「まるで犬のような扱いを受けた」とその屈辱を口にする。「治療を受けたいが、手錠や腰縄をされるのが嫌だから我慢したことがある」と話す外国人さえいる。

二〇一八年一〇月、実際に収容者が手錠、腰縄をされたまま病院の待合室を歩かされる様子を撮影した写真がインターネットに出回った。入管当局の説明とは違い、職員が十分な配慮をしていないことが明らかになったのである。

東京高輪病院（東京都港区）の正面玄関から広がる待ち合いロビー。バングラデシュ人マルフ・アブダラ（三六）は制服姿の東京入管職員に前後を挟まれる形で歩かされた。手錠はむき出しではなく、カバーが付いていたが、腰縄の存在は写真でも確認できる。職員の一人がアブダラの腰に巻かれた青いロープを手にしっかりと握る一方、少し距離を空け歩いており、ロープが宙でたるんでいる様子がしっかりと映っていた。

写真はたまたま居合わせた人物が撮影した。外国人の支援活動を続ける織田朝日がネットに公表し人権侵害だと批判、写真は拡散し議論が広がった。

「腰や膝が痛むため診察を希望しましたが、急を要していたわけではありません。手錠や腰縄を付けて人前にさらされるのは屈辱でした」。バングラデシュで反政府活動に参加し身の危険を感じたため出国、日本に逃れたアブダラ。「難民申請しただけなのに、なぜ犯罪者のような扱いを受けるのでしょうか」

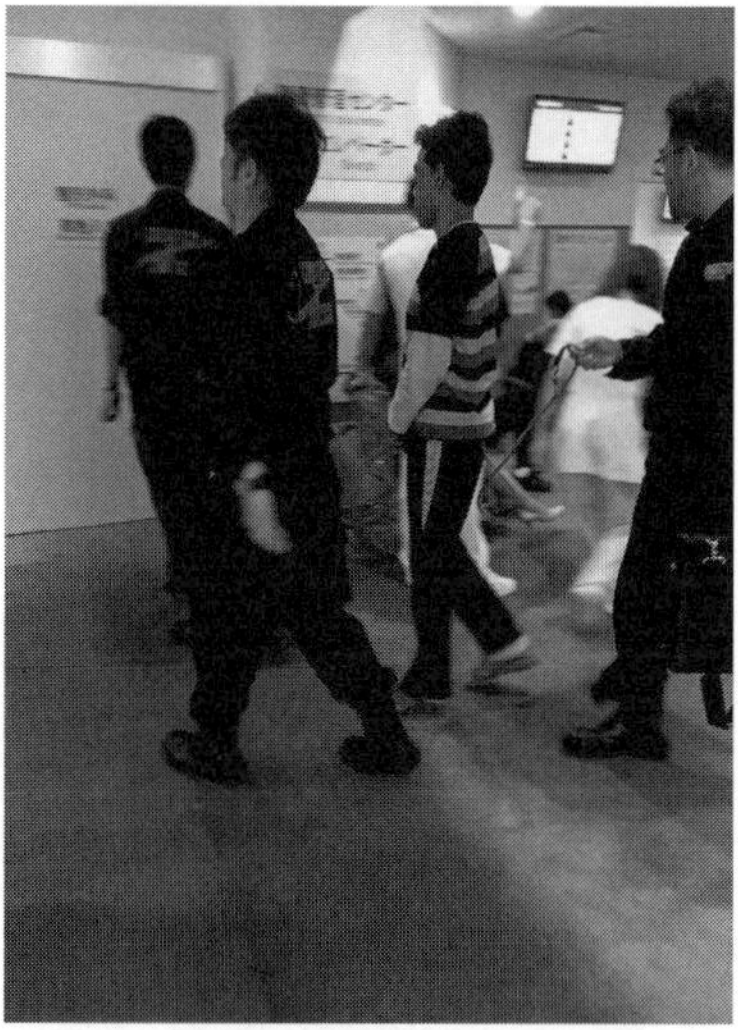

写真15／手錠、腰縄姿で病院内を歩かされるアブダラ＝2018年10月、東京都港区

拘禁者の護送を巡っては、判例が一つある。刑事被告人として大阪拘置所に拘束されていた日本人男性が眼科受診の際、手錠や腰縄のまま待合室を歩かされたとして、国に損害賠償を求めて提訴、大阪地裁は一九九五年、「人格権に対する違法な加害行為」と認定し、一〇万円の損害賠償を命じた。最高裁で確定している。判決はこうも指摘する。「手錠、腰縄姿を公衆の面前

にさらすことは被告人の自尊心を著しく傷つけ、耐えがたい屈辱感と精神的苦痛を与える」。看守は制服、制帽姿を避け、セーターやジャンパーなど私服を着用していたが、判決は「二人が原告を挟むようにして歩き、後ろの一人が片手を原告の腰背部に密着させて連れだって歩く様はいかにも異様であり、原告が手錠、腰縄付きで護送されていることは誰の目にも一見してわかる状況だった」。

一方、アブダラのケースでは、入管職員は私服に着替えることはなく、「Ministry of Justice（法務省）」と背中に大書された制服姿のままだった。東京入管は筆者の取材に「この写真は一場面だけを切り取ったため、常に公衆に曝している印象になった」と説明した。

刑務所や拘置所を所管する法務省矯正局の担当者は「受刑者らを病院に連れて行く際、職員は私服に着替える上、裏口から入るなど人目に付かない配慮をしている」と語る。中央大学法科大学院教授、北村泰三（国際人権法）は「入管収容は司法の刑罰手続きではなく、行政処分です。推定無罪を受ける刑事被告人と同様か、それ以上に人権を守る必要があります」と指摘する。

法務省入国管理局（当時）は一九六四年に出版した『出入国管理とその実態』で、外国人の人権尊重を基本精神とするとして、次のように記している。

「退去強制の手続きは行政処分であって、収容・護送等の過程においても犯罪者扱いは許されない」

東京入管は二〇二〇年七月、筆者の取材に対し、現在は病院連行時に腰縄は使用していないと明らかにした。

3 抵抗と弾圧

†六人部屋に一七人、二四時間続いた「監禁」

居室は人いきれでむせかえっていた。室温は高まり、シャツが汗でにじむ。紫陽花の候、芒種の蒸し暑さは囚われの人間たちには残酷でさえあった。不快感が増してゆく。「暑い」。一人の男が大声を出した。「早く出してくれ」。扉を叩く者もいる。だが、扉は開かず叫び声がむなしくこだました。

二〇一八年六月、大阪入管で最大六人用の居室に収容者一七人が入ったまま、職員が二四時間以上にわたり施錠を続ける事件が発生した。収容者たちは「狭い部屋への監禁だ」と非難した。一方、大阪入管は事実関係をおおむね認めた上で、「監禁ではない。収容者が立て籠もった」と説明する。一体何が起きたのか。

二〇一八年六月一七日午前一一時半。ほかの居室への訪問が許される自由時間が終了しても一七人は集まったAブロック一号室で議論していた。ひげそりなどの共有問題、不十分な医療、長期収容……。収容者たちの不満は尽きることなく、話し合いは終わる気配を見せない。職員が一号室を訪れ自室に戻るよう命令したが、一七人が無視すると、職員は施錠、翌日まで解かなかった。大阪入管は「保安上の理由」として明らかにしないが、当事者によると、一号室の広さは約二〇平方メートルで、二段ベッドが三台置かれている。当時は四人が生活していた。

一七人は当初、午後一時半に始まる午後の自由時間には解錠され、それぞれ自室に戻れると考えていたようだ。だが、午後一時半すぎに現れた職員が「明日まで扉は開けない」と宣告、緊張感が高まった。気象庁によれば、この日の大阪の最高気温は二八・五度。換気不十分な室内の蒸し暑さは収容者たちの体力を奪っていく。一七人全員が体を横たえる空間もない。照明を除き、電気は遮断された。通常は使用できる電気ポットも使えなくなり、お湯さえ沸かせなくなる。エアコンも止められ、熱気が増していく。「暑い、暑い」。多くの収容者が口にし始める。ドアを叩いて懇願する。「早く出してくれ」

午後六時二五分、「飲料水を飲ませてほしい」。職員に求めたが、要求は拒否された。午後七時二四分、「それぞれの部屋に戻して眠らせてほしい」。要求は拒否された。午後九時四五分、「この状況に耐えられない。ドアを開けてほしい」。要求は拒否された。一七人のうちの一人、ナイジェリア人のオルチ（五三）が記したメモには具体的な時刻と職員への要求、その対応が記されている。

一七人をさらに驚かせたのが一号室外の廊下の様子だった。入り口の扉を塞ぐために無数の畳が積み上げられ、収容者らが力尽くで扉を開けた場合、それでも退出を防ごうとバリケードを築いていたのである。職員数人がその周囲で警戒する。「一体これは何なのか」。絶望感が一号室を包む。一八日午前二時以降、誰もドアを叩かなかった。硬いフロアに座っている人、わずかな空間に横になる人、立ったままの人……。どうすることもできない無力な状態が続いていた。

翌朝、六月一八日午前七時五八分、九階建ての大阪入管の建物が揺れた。大阪北部地震の発生である。大阪府を中心に大きな被害となり、計六人が犠牲となったこの地震で、気象庁によれば、大阪入管のある大阪市住之江区は震度四だった。「早く出してくれ」。一号室は再び騒がしくなった。扉を叩く人、叫ぶ人……。意識がもうろうとしていた収容者たちも一気に覚醒し、解錠を哀願する。しかし、職員は一七人の痛切な訴えを言下に拒否した。余震を警戒しベッドの下に身を隠す。全員が横たわる空間さえない狭い部屋で一七人ができる避難行動は限られていた。

一号室が解錠されたのは午後〇時四五分。廊下には数十人の職員がずらりと並ぶ。入管当局の警戒心とは裏腹に、一七人は静かに自室に戻った。

「換気不足で気分の悪くなる人も出てきて、何度も扉を開けてほしいと求めましたが、だめでした。私自身、極度の疲労から、めまいすらありました。地震は最悪のタイミングで発生し、部屋の中はパニックです。私ももっと大きな地震が起きるのではないかと思い、心臓がどきどきでした」

オルチは二〇一八年一〇月、大阪入管から電話で筆者に訴えた。「部屋の中にある備品を破壊することもなく、破壊しようとの議論さえありませんでした。なぜ入管はここまで私たちを苦しめるのでしょうか」

一方、あくまで「収容者が立て籠もった」と主張する大阪入管。一七人が狭い居室に立て籠もる理由は客観的には見当たらないが、次のように説明する。

「立て籠もった収容者らは職員の度重なる説得に全く応じることなく、帰室を拒否して立て籠もりを継続、罵声を発して居室扉を激しく叩く、蹴るなどの行為を繰り返し、職員の看守業務を著しく妨害したことから、解錠すれば逃走や器物損壊などの保安上の事故が発生する恐れがあったため、施錠を継続した」

電気を止めた理由については「電気コンセントを悪用した発火工作等を防止するため」と強調し、「収容者らが居室扉を叩いたことで緩みが生じたため、居室扉が破壊される可能性が高まったため、緊急的に畳で扉を補強した」としている。

ここから浮かび上がるのは収容者と入管職員との間にある絶望的な距離感である。監禁は立て籠もりと認識され、扉を開けてほしいとの訴えは「罵声」と捉えられる。扉を叩き解錠を求める行為が「保安上の事故が発生する恐れ」と結びつけられ、収容者が電気ポットでお湯を沸かせず途方に暮れていた間、大阪入管が懸念したのは「コンセントを悪用した発火工作」だった。入管当局の都合のよい正当化ともとれるが、見事なまでに認識は食い違い、対話が成立する余地はない。収容者は職員の指示に従えばよいとする父権主義。収容者の主張は疑ってかかるべきという猜疑心や不信感。制圧や隔離、あるいは医療放置と同様、ここに収容者と職員とのトラブルに通底する入管体質が表れているようにも見える。

入管問題に詳しい弁護士の仲尾育哉は「入管当局側に収容に関する一定の裁量があったとしても、長時間一七人を閉じ込める必要性があったのかは疑問です。裁量の範囲を逸脱した疑いが強いと言えます」と大阪入管の対応を非難した。入管難民法は施設内の処遇を巡り、「被収容者には、入国者収容所等の保安上支障がない範囲内においてできる限りの自由が与えられなければならない」と規定する。ほかの施設でも大同小異だが、大阪入管では居室の外に出られるのは午前二時間と午後三時間（二〇一七年時点）。一日一九時間は居室内で過ごさなければならず、果たして五時間の自由時間——入管当局は「開放処遇」と呼ぶ——が「できる限りの自由」に該当するのかどうか。「保安上支障がない範囲」の解釈と合わせ、検証する時期に来ている。

†広がるハンスト、餓死する男性

脆弱な立場に置かれた人々が自らの要求を社会に訴えかける示威行動の一つにハンガーストライキがある。インドの反英闘争で非暴力不服従運動を繰り広げたマハトマ・ガンジーのハンストが知られているし、英国で一九〇〇年代、女性参政権獲得のために活動した女性たちも抗議手段としてハンストを利用したと伝えられている。中国当局が学生らの民主化要求を弾圧した一九八九年の天安門事件でも、多くの学生がハンストに訴えている。

そうした権利なき者たちの最終手段とも言えるハンストが二〇一九年、長期収容に対する抗議の意味を込め全国の入管施設で広がった。東日本センターや大村センター、東京入管、大阪入管……。呼応する形で指数関数的に全国に波及、長期収容の終焉と早期解放を求め、収容者たちは当局から支給される食事の提供を拒否した。入管庁によると、二〇一九年六～九月の間にのべ一九八人が決行、九月以降も続きのべ数百人規模になったとみられる。

入管施設でのハンストの歴史は古く、大村入国者収容所では一九五〇年代にも実施されている。毎年のように散発的に抗議のハンストは繰り返されるが、二〇一九年のそれは近年まれに見る大きな規模で、長期収容に苦しむ収容者の絶望感の表れだった。

「食べたい。いいにおいがする。でも食べたら負けだ……」。ある収容者は同室の収容者が口にする食事のにおいに胃が刺激され、つらかったと話す。「日中、突然ふらふらして壁に額をぶつけて倒れ込んだ」。別の収容者は消耗した体力で歩くことさえままならなくなった現実を語った。また、ある者はこう振り返る。

写真16／餓死者の出た大村入国管理センター＝2018年3月、長崎県大村市

「ハンストをしたら胃が食事を受け付けなくなり、摂食障害になりました」

最低限の水やスポーツドリンク、お茶での水分補給を継続したが、多くの参加者が一～二カ月の間に一〇～一五キロの体重を落とした。入管当局は「食事をとらないからと言って要望が通りやすくなることはない」（東日本センター）との立場で、早期解放という要求を撥ね付けた。しかし、一つの事件をきっかけに態度を軟化させる。大村センターで発生した餓死である。

大村センターで二〇一九年六月二四日、ハンストが原因で四〇代のナイジェリア人男性が死亡した。入管庁が同年一〇月に公表した内部調査の報告書によれば、センターが男性のハンストを把握したのは同年五月三〇日。職員は食事を取るように促すと共に、庁内の医師や外部の病院で受診させるなど対応をとったが、男性は診療を拒否した。職員は男性を単独室に移し監視カメラで動静監視を続けたが、六月二四日午後二時一一分、搬送先の病院で死亡が確認された。死因は飢餓死。司法解剖時の測定では、身長一七一センチ、体重四六・六キロという。二〇一八年一〇月の記録では七一キロで、ハンスト開始直後の二〇一九年五月三〇日時点で六〇キロだった。

「亡くなる数日前に入院させることができれば死亡という結果にはならなかったのであろうが、医療の素人である職員には、やせているのを見ても死亡の危険がどれだけ切迫しているかは判断しにくいだろう」。報告書はそう指摘し「対応が不相当だったと評価することは困難」と結論づけた。体調不良の収容者に対する措置と同様、容体の急変に備えるために監視したはずだが、「医療の素人」を理由に責任を問うことはなかった。

入管当局は二〇〇一年、「拒食中の被収容者への対応について」との通達を発出、主に東日本センター、西日本センター（現在は閉鎖）、大村センターに対し、原則ハンスト開始から二二日以降、収容者を強制的に治療するよう指示を出している。今回、大村センターは強制治療をしなかったが、報告書は「二〇一三年以降、常勤医師が確保できない状態となっており、本件において通達に従った強制治療の実施に至らなかったことが不相当であったと評価することは困難」とも言及した。常勤医師の確保を怠ったのは大村センターだが、入管庁は常勤医師がいないという現状を追認、餓死の責任を不問に付している。

報告書によれば、男性には窃盗罪などの前科があり、二〇一五年一一月から収容されている。日本人の元妻との間に子どもがおり、本人は子どもの存在を理由に送還に応じなかった。ナイジェリア政府も男性へのパスポートや渡航文書の発給をせず、事実上、強制送還は不可能な状態だった。前科者に仮放免を出さないとする仮放免運用指針に従い、センターは男性の収容を三年半以上続けた。

「仮放免許可を得ることを目的としたほかの収容者の拒食を誘発する恐れがあり、拒食で健康状態が悪化した者を仮放免の対象とすること自体、極めて慎重でなければならない」。報告書は仮放免の不許可判断は正しかったと結論づけた。

餓死はまた、ほかの収容者や収容者の面会活動を続ける日本人ボランティアにも喪失感をもたらした。面会を続けながら、月に一回センター内で礼拝を行う長崎インターナショナル教会の牧師、柚之原寛史はこう語る。

「餓死は、防ごうと思えば防げたはずです。ここでは、人間が人間にしてはならないことが実際に行われています。無期限の身体拘束、肉体的精神的な虐待、基本的人権の侵害。超長期収容の中で、三重苦が収容者に押しつけられています」

柚之原によれば、男性の死亡が伝わった六月二五日の夜、全収容者約一二〇人（当時）がセンター提供の夕食を拒否し、喪に服したという。その後、拒食するハンスト参加者が増加した。柚之原が言葉を継ぐ。

「礼拝に行くと、やせすぎて歩けなくなったため車いすを使う人が増えたのがわかります。自主的に送還に応じた収容者が何人かいますが、入管当局は送還という目的が達成されたと考えているのでしょう。収容者の多くは帰るに帰れない事情を抱えています。送還する前に保護しなければならないはずですが、実際には日々、こつこつと精神的な拷問でプレッシャーをかけ続けているのです」

†二週間仮放免と再収容の悲劇

大村センターでの餓死は各入管施設のハンスト対応に変化をもたらした。集団での早期解放には応じなかったが、ハンストで衰弱した場合、個別に仮放免を許可し始めたのである。しかし、通常一カ月間程度の仮放免期間がハンスト実施者に対してはわずか二週間。更新もほぼなく再収容された。瀕死の状態に自らを追い込み一般社会に出られたとしても、二週間後に振り出しに戻る。戻された収容者の鬱々とした表情を見れば、隣でハンストを続ける収容者たちの気力を萎えさせるのには十分だ。入管当局の新たなハンスト抑え込み政策の始まりだった。

ＪＲ品川駅（東京都港区）近くの会議室で二〇一九年八月一三日、東日本センターから仮放免された外国人二人が記者会見した。発言したのはいずれも三年以上収容され、ハンストで二週間の仮放免を許可されたイラン人男性サファリ（五〇）とトルコ出身のクルド人男性デニズ（四〇）で、二人の代理人弁護士、駒井知会と大橋毅が同席した。

写真 17／記者会見するサファリ（左）とデニズ。サファリは途中から涙を流し、言葉を継げなかった＝2019年8月、東京都港区

「三年間、入管施設にいてずっと仮放免をお願いしても出してもらえませんでした。先が見えなくなってハンストをしました」

サファリが自らの背景を説明した。ハンストを始めたのは六月七日。何度も血を吐きながら継続し、体重は約一〇キロ減少、約七五キロに落ちた。七月三一日に仮放免された際、職員が告げた言葉は「逃げないで帰ってきてください」。待ち焦がれたはずの一般社会での生活だったが、再び拘束される恐怖心から夜は寝られず、食事は喉を通らない。体重は約七三キロにまで減ったという。代理人弁護士の駒井によれば、サファリは多くの疾患を抱えており、逆流性食道炎や十二指腸潰瘍の疑い、鉄欠乏性貧血、不眠症、不安神経症を併発している。翌日には仮放免期限が迫っており、状況を鑑みれば再収容される可能性が高かった。

「あしたは出頭に行きます」。サファリはカメラの前で泣き始め、しばらく言葉を継げなかった。

「命を懸けたハンストに追い込まれた収容者をわずか二週間で再収容する。逃亡の恐れもない。必要性、相当性、合理性いずれも欠如した無期限収容に再び戻すことは国家として恥ずかしい行いと言わざるを得ません」

代理人弁護士の駒井がせきを切ったように記者たちに訴えかけた。「二週間で再収容するのは客観的に見てハンスト者への見せしめでしかありません。収容者の中には難民申請者も多く入管難民法上、送還できません。送還できない人を捕まえておいて一体、誰の利益になるのでしょうか」

三年間の収容中、何度も自殺未遂を繰り返したと話したデニズの代理人弁護士、大橋も二週間仮放免を批判した。

「入管関連の仕事に携わり二五〜二六年たつが、かつて経験したことのない異常事態になっています。過去にもハンストはありますが、処遇改善の話し合いが施設側と収容者との間で持たれて終わるようなものでした。今回は、命がけというか、自らの体調を崩すことでしか解放されないというのならば、死の危険も顧みないという行動です。難民申請をやめさせるという目的に基づいて人を苦しめる、人に苦痛を与えておく。これは拷問です。恐ろしい政策です」

サファリもデニズもその後、仮放免の延長を求め期日どおりに東京入管へ出頭したが、再収容され東日本センターに戻った。

二週間仮放免を経験したブラジル人、アレシャンドレ・マツモト（四四）は二〇一九年一〇月、東日本センターの面会室で肩を落としながら語った。

「外に出た二週間は久しぶりに電車に乗ったり、ビールを飲んだりして楽しい日々でした。でも、二週間で戻されるかと思うと、もうハンストをする気力は湧きません。一度素晴らしい景色を見せて再び崖から突き落とす。入管がやっているのはそんなことです。入管の思惑どおりなのでしょう。おれたちは負けたんです」

マツモトが指摘するように、入管当局の二週間仮放免という抑え込み策は奏功し、二〇一九年末にはハンストの大きな波は過ぎ去った。

†愁訴実らず、ガンの発見遅れる

二週間仮放免と再収容という循環で新たな絶望感が広がる中、ハンストで一命を取り留めたとみられる外国人もいる。仮放免で社会に出た結果、ガンの手術、治療を受けられたのである。

写真18／ムスタファが収容されていた東日本入国管理センター＝2019年11月、茨城県牛久市

トルコ出身のクルド人男性ムスタファ（二六）は二〇一六年五月に収容され、東日本センターで仮放免の申請をしたが、一〇回不許可になった。睾丸に痛みを感じ、診療申出書を職員に提出したのが二〇一九年四月一〇日。庁内の医師が二六日に診察すると、右睾丸の内側に直径二センチの腫瘤を確認、精巣上体炎や睾丸腫瘍を疑い抗生物質を処方した。細菌による感染症と精巣ガンの可能性を疑ったようだ。二週間にわたる抗生物質の治療で効果はなく、医師は五月一七日、感染症の可能性を消去し「右陰嚢内腫瘤」と診断、外部の泌尿器科で検査と治療をするようムスタファと職員に告げた。

ところが、センターは外部病院に連れて行かなかった。ムスタファは七月四日からハンストを開始、九月五日に仮放免されると、自宅近所の済生会川口総合病院（埼玉県川口市）を受診した。「右精巣腫瘍」と診断され、精巣の摘出手術を実施、二七日にガンを告知された。経過観察で腹部大動脈リンパ節の腫れが確認され、腫瘍のリンパ節転移と診断される。二〇二〇年一月から化学療法を続ける。

「四月のはじめ、サッカーをしていてボールがキンタマに当たりました。痛いのは普通ですが、殴られたようなおかしな痛みで不安を感じたため、医師の診察を受けたんです」

化学療法で入院中のムスタファは一時帰宅した二〇二〇年三月、埼玉県川口市の自宅で取材に応じ、経緯を説明した。「シャワー中にすごい痛みがあったり、痛くて夜眠れなくなったり……。でも、職員は「外部の病院に連れて行く予定はない」と言います。ハンストで貧血状態になって、歩けないときもありましたが、やめたら病院に行けなくなるという思いで続けました」

約八八キロあった体重は二六日間のハンストで約七七キロにまで減少した。病院に行くために自らの身体を傷つけたムスタファ。髪の抜けた頭を見せながら、「悔しいです」と外部病院での治療を認めなかった東日本センターへの怒りを露わにした。「ハンストをしなければセンターで死んでいたかもしれません」

二〇一九年九月に仮放免された際、初めにムスタファが向かったのは埼玉県川口市で内科医の山村淳平が開いた無料医療相談で、山村がムスタファを診察し、泌尿器専門医を受診するよう勧めた。専門医の診断書を基に意見書を書いた山村はこう指摘する。

「若い人のガンはどんどん進行していくので、早ければ早いほど完治につながります。四月の段階ですぐに外部病院を受診し適切に治療していれば、リンパ節に転移することはなかったでしょう」

ムスタファは二〇一九年一一月、治療を放置されたのは著しく不適切な対応で、違法だとして、国に約八三〇万円の損害賠償を求め東京地裁に提訴した。国は同年五月一七日に庁内の医師から外部病院を受診させるよう指示があったと認めた上で、「同日、ムスタファを含め収容者八人を外部病院に連れて行くよう医師から指示があり、うち一人に対し「至急」とあったが、ムスタファにはなかった」と釈明する。「ハンストが急増したため、その対応に人的資源、医療的資源を投じざるを得ない状況で、連行職員の確保が困難な状況だった」と弁明した。「ムスタファはハンストも行える程度の体調だった」とした上で、収容者にどのような医療措置を取るかはセンター長の合理的裁量に委ねられていると強調、請求を棄却するよう求めている。

改めて、入管当局自らが作成した施設のルール「被収容者処遇規則」を読み返してみる。傷病者の措置を規定する第三〇条には次の一文があった。

「所長等は、被収容者がり病し、又は負傷したときは、医師の診療を受けさせ、病状により適当な措置を講じなければならない」

4 苦痛と屈辱の収容生活

†性被害、LGBTQの苦悩

シャンプーの香りがシャワー室に広がると、瞬間、収容生活のストレスから解き放たれ、癒やしのときとなる。居室外への移動が許される自由時間のなかでも、シャワータイムは貴重な時間だ。だが、突然扉が開き、恐怖が中に侵入した。裸の男が二人、全身をくまなく触ってくる。お尻も、脚も。「やめてください、やめてください」「助けて」。その声は誰にも届かなかった。

二〇一八年冬、東日本センター。ペルー人のナオミ（四七）はシャワー室で性被害に遭った。ナオミは心と体の性別が一致しないトランスジェンダーだ。身体は男性だが、自らを女性と認識する。性同一性障害との診断書もある。性転換手術や豊胸手術はしておらず、胸の膨らみはないが、それ以外、例えばロングボブの後ろ姿や仕草は本当に女性のようだ。

入管当局はナオミの性を把握しながら、二〇一六年一〇月、名古屋入国管理局（現名古屋出入国在留管理局、名古屋市港区）から男性のみを収容する東日本センターへ移送した。二人部屋でイラン人男性と同じ部屋に入れられ、普段交流のあるブロック内も男性しかいない。マニキュアや口紅の使用は認められなかった。「おかま」と侮蔑的な言葉を浴びる一方、擦れ違いざまにお尻を触られる。「あー、ナオミちゃん、お尻かっこいい」。そんなセクハラ発言は日常茶飯事だった。職員がそうした事態を目にしても、何かをしてくれるわけではない。

ナオミはシャワー室の恐怖を今も覚えている。ハンストを経て二〇二〇年一月に仮放免された後、愛知県内のファミリーレストランで取材に応じた。

「シャワーを浴びていると、突然扉が開いて、同じブロックのイラン人とミャンマー人が裸で入ってきたんです」。東日本センターのシャワー室には、個室のシャワーが数台並んでおり、スポーツクラブや学生寮にあるようなそれを想像すると、わかりやすい。ブロックごとに設置され、全体では約九〇台ある（二〇一八年七月時点）。夏場は午前中、経費節減のため冷水しか出なかったが、入管問題に関心を寄せた参議院議員（当時）、山本太郎の要望を機に、二〇一八年夏から午前中の温水利用も可能になった。

ナオミの背後から忍び寄るイラン人とミャンマー人。お尻や脚、胸、男性器にまで手が延び、愛撫するように触り続ける。「やめてください」。ナオミが声を上げる。「ナオミちゃん、大丈夫だから」「ナオミちゃん、あぁナオミちゃん」。ナオミは二人の興奮度が増していくのを感じた。二人が自分たちの体をナオミにすり寄せる。ナオミは自分のお尻に勃起した二人の男性器を感じた。「ナオミちゃん、ちょっとだけ、ちょっとだけ」。息づかいの荒くなった男たちを止めるすべをナオミは知らない。何もできず、なされるがままだった。

「パニックになりました。「お願い、やめてください」「担当さん、助けて」と叫びましたが、誰も来てくれません。私は裸だし、逃げようがありません。五分ぐらいで彼らはいなくなりましたが、ただただ、怖かったです」

ナオミはこの事件を職員に話してはいない。恥ずかしさもあるし、「職員に話したところで、何かが変わるわけじゃないから」とナオミは語った。「みんなね、長い間、女ないから。セックスほしい。それはわかる。でも、わたしはもう二度とあそこ（入管施設）には戻りたくない」

ナオミは一九九四年五月、観光ビザで来日した。ペルーの首都リマ出身。トランスジェンダーで、すでに日本で暮らしていた日系人の友人から誘われた。「ナオミちゃん、ペルーと違ってここには酷い差別はないから。おかまいじめはあまりない」。不法残留な上、仕事は解体作業など肉体労働しかなかった。それでも「ペルーと比べ、日本は安全です」とナオミは言う。「じろじろ見られたりね、そういうのはあるけれど、それだけ。日本では殺されはしない。リマは怖いよ。石投げられて殺されたトランスジェンダーもいる。ナイフで刺された人もいる」

運転中の検問で不法残留が見つかり、二〇〇〇年一二月に強制送還された。だが、ペルーではうまく生活ができず、二〇〇五年五月、他人名義のパスポートで再来日、非正規滞在者として暮らしていた。ナオミは現在、難民申請している。

ＬＧＢＴＱら性的少数者の権利擁護は世界的な流れとなっている。同性婚を合法化する動きは拡大し、国際レズビアン・ゲイ協会（ＩＬＧＡ）によると、二〇〇一年のオランダを嚆矢に、二〇一九年三月時点で同性婚を法的に認める国家は欧米諸国を中心に二六カ国になった。その後、台湾でも合法化された。一方、中東やアフリカを中心に七〇ヵ国が同性愛を禁じているとみられ、そうした地域から難民として逃れる性的少数者も増加、欧米諸国を中心に性的少数者を難民認定する傾向は強まっている。日本の入管当局も二〇一八年、同性愛への迫害を理由に初めての難民認定をした。二〇一九年には、日本人男性と暮らす台湾人男性の強制退去処分を撤回、在留特別許可を認めた事例もある。

拘禁施設での対応にも変化がある。法務省矯正局は二〇一一年、刑務所などの刑事施設に対し、望ましい対応の指針を各施設に通知した。一五年に改正し、入浴中の見守りや身体検査を女性職員が対応するなど不要な羞恥心を抱かせないように求めている。だが、入管施設にはそうした指針はなく、入管庁は「各施設が適切に対応している」と繰り返す。

確かに性的少数者に対する一律の対応は難しい。名古屋入管では、トランスジェンダーの収容者を男性とも女性とも違う扱いとし、長期間単独室に入れていた。友人らによると、「誰とも会話がなくさみしくてたまらない」とこぼしていたという。

ＮＰＯ法人「移住者と連帯する全国ネットワーク」（東京）の事務局次長で、性的少数者の人権問題に詳しい安藤真起子は「入管施設では、マジョリティの権利を守るためにマイノリティの人権が侵害されています」と問題点を挙げる。東京入管でも男性に生まれながら女性と自認するトランスジェンダーが収容されており、単独室に収容され自由時間も制限されるなど不平等な扱いを受けていると非難した。ホルモン剤投与も自由には認められないため、体重の増加や肌荒れ、乳房の縮小が現れ、鬱症状も発症。「最低限の人権を守れないのならば、収容するべきではありません」と訴えている。

人間を男と女に二分し、国家が管理する時代は終わりつつある。ナオミが訴えたいのは性的少数者のそんな思いである。

†給食さえ楽しめない

長期の収容生活で、食事は数少ない楽しみの一つと言える。しかし、現実には、入管施設で食事を待ち焦がれる収容者はほとんどいない。各入管施設により多少の事情は異なるが、朝食午前七時半ごろ、昼食正午ごろ、夕食午後四時半ごろで、各部屋に弁当箱に入れられて運ばれてくる。入管当局によれば、東日本センターと大村センターでは施設内部の厨房で業者が調理するが、その他の施設ではすでに調理された弁当が搬入される。夕食の時間が一般的な日本人よりも早く設定されているのは公務員の執務時間の影響とされている。

朝食は決まってパンと牛乳、ゆで卵。昼食と夕食はその日によって異なるが、例えば、筆者が入手した東日本センターのある週の昼食の献立は以下のとおりだ。

月曜日　レモンハーブチキン、漬けもの、タケノコと小松菜炒め、スパゲティーペペロンチーノ、フルーツ

火曜日　さんまの竜田揚げ、漬けもの、カボチャの煮物、マカロニアラビアータ、フルーツ

水曜日　イワシフライ、漬けもの、スクランブルエッグ、もやしナムル、フルーツ

木曜日　チキンボールのシチュー、フルーツ寒天、ブロッコリーハーブマリネ、スパゲティートマトソース、フルーツ

金曜日　豆腐のふわふわ揚げ、漬けもの、インゲンのソテー、シーザーサラダ、フルーツ

「揚げ物ばかりで気持ち悪くなる」「外国人は漬けものを食べられません」。収容者に面会すると、多くが食事の不満を述べる。「揚げ物は手で絞ると油がぼとぼと落ちてくる」（東日本センターのスリランカ人）、「コロッケなのにソースがない。食べられますか」（東日本センターのブラジル人）。給食には、ソースや醬油が付いていない入管施設もあり、東京入管収容中のブラジル人男性は「寿司を買ったときに付いてくるような小さな醬油のパックを一〇円で販売していて、買わないと味のない給食を食べることになる」と話す。食べたいものを食べられないス

トレス以上の苦労が伝わってくる。

東日本センター（二〇一八年度）を例にとると、一日当たりの予算は八八〇円で、朝食二二〇円、昼食三一〇円、夕食三五〇円。被収容者処遇規則は一人一日当たり二二〇〇～三三〇〇キロカロリーを摂取させるように定めており、限られた予算で高カロリーを求めれば、必然的に揚げ物中心のメニューになる。食中毒防止の観点もあるようだ。イスラム教徒に配慮した「豚肉抜き」だったり、体調不良者向けの「野菜食」だったり、多くの特別食も用意される。

ただ、そうした複雑な給食配膳の中で、相次いでいるのが異物混入事案の増加だ。異物とは多くの場合、髪の毛。入管当局によれば、二〇一六年に全国の入管施設で四〇件発生し二〇一七年は六〇件に増加、二〇一八年は六月末までで八〇件確認されている。髪の毛の混入で職員を追及しない収容者もおり、実際の混入事案はさらに多いとみられている。入管職員と収容者との間に信頼関係が醸成されない中で、食事に何度も髪の毛が入っていれば、「入管は食事にも嫌がらせをするのか」（大阪入管のスリランカ人）と収容者は不信感を募らせる。

食事を巡るトラブルもある。東日本センターで二〇一八年一〇月、ブラジル人男性アレシャンドレ・マツモトは給食を食べて嘔吐、病院に搬送された。原因は昼食に提供されたキクラゲ。センターはマツモトにキノコ類のアレルギーがあるのを把握しながら、誤配膳したのだ。内部文書にはこう記載されている。

「誤配膳が原因でキクラゲを食べ、吐き気等の症状を訴えたことから、つくばセントラル病院に連行し、救急外来を受診させたところ、食物アレルギーと診断され、抗アレルギー薬等の処方を受け再収容した」

内部文書によれば、センターは二〇一七年一二月、二〇一八年五月にもマツモトにキノコ類を提供している。マツモトは「以前は食べる前に気がついて無事でしたが、今回は食べてしまいました。文書にはないのかもしれませんが、今回は六回目です」と断言する。二〇一八年一〇月二八日正午ごろ、マツモトが食べたのは「卵とキクラゲの炒め」。額や頬が紅潮、発疹が出て、嘔吐を繰り返した。

「医師からは「全部吐いたから死ななかった」と言われました。それでも一週間程度、吐き気が続き大変でした」とマツモトは言う。「同じ過ちが繰り返されるのは入管が収容者の命と健康を軽視しているからでしょう」

センターは「異物混入や誤配膳の原因は確認不足なので、給食業者に対して人員配置や業務見直しなど改善策の検討を指示しており、再発防止に努めている」と説明する。一方、給食業者の幹部は筆者の電話取材にこう答えた。

「誤配膳の原因はスタッフの確認不足です。牛久市という過疎地域の土地柄、入管施設という場所柄から若い人は集まらず、スタッフは高齢者ばかりで、小さなものが見えなかったり、

「豚肉なし」など細かい指示を理解する判断力が鈍ったりしていてミスにつながっています」

一日の予算八八〇円についても経営上、厳しいと訴えた。「この予算では、正直まともな経営はできません。毎年競争入札ですが、参加するのはうちを含めて二～三社。前年度の単価がわかっている以上、手の内が丸見えで、価格を下げる方向に進み、行き着いた果てが八八〇円。ここ二～三年、赤字です」

面会活動を中心に、収容者を二五年以上支援する市民団体「牛久入管収容所問題を考える会」の代表、田中喜美子は指摘する。

「収容者との面会でよく聞くのが食事の不満です。「量が少ない」「髪の毛が入っていた」などで、食事のほかには楽しみが少ない収容者にとっては、重要な問題です。誤配膳につながる確認不足の背景には、職員の人手不足もあるのでしょう。長期収容をなくし収容人数を減らせば、処遇環境の悪化も防げるはずです」

給食の問題を見ても、トラブルを防ぐ最善策は長期収容の解消のようである。

†電気ポットは魔法の調理器具

「収容生活で一番大切なものは電気ポットです」

入管施設で収容者との面会を繰り返していると、あるブラジル人男性がこんなことを言った。

電気ポットとはコンセントにつなぎお湯を沸かす通常の電気ポットのことである。当初、理解できなかったが、説明を受けると合点がいった。入管施設では、各部屋に一台配備される電気ポットが湯沸かし器ではなく、調理器具となっているのだ。一日の大半を狭い居室で過ごす収容者たち。給食に楽しみを見いだせない中で、発想の転換をした。自分たちで作ればいいじゃないか。

「ポテトチップスの袋をきれいに洗って、その中に給食のご飯を入れます。それから給食に野菜や肉が入っていれば、切り刻んで混ぜるんです。切るのはプラスチック製ナイフを使いますが、テレホンカードでもウインナーぐらいは切れます。塩や香辛料を加えますが、朝食のゆで卵を加えてもいい。ポットのお湯の中でいろいろ入れたポテトチップスの袋を温めるんです。そうすると、チャーハンが出来上がります」

入管版チャーハンのレシピである。説明を聞いて納得したのを覚えている。チャーハンと呼べるかどうかは判断が割れるだろうが、確かにおいしそうなまぜご飯だ。東日本センターでは、面会受け付けの待合室に差し入れの基準が貼られている（二〇一九年末時点）。

・レトルト食品（調理済みの食品が機密性容器パッケージに密封され、加熱加圧殺菌されているもの）

・粉末清涼飲料（スポーツドリンク）
・粉末コーヒー、ココア、ミルク
・インスタントスープ（コーンスープなど）
・カップ麺（電子レンジ使用は不可）
・インスタントラーメン（熱湯を注ぐのみで調理できるもの。電子レンジ専用のものは不可。袋に調理法として、日本語で熱湯を注ぐのみと記載のあるもの）
・粉末調味料（砂糖、塩、香辛料など）
・液体調味料（醤油、マヨネーズ、蜂蜜、ジャム、ドレッシング、アルコール分を含む調味料は不可）

初めて見たとき、調味料を入手してどうするのだろうと疑問を抱いたが、収容者は電気ポットで調理しているのだ。センターには、一階に小さな売店があり、カップ麺やスナック菓子、ジュース類が売られている。収容者はこの売店での購入のほか、支援団体や家族、友人からの差し入れでも入手できる。

差し入れの基準を巡り、センターは「その時々の所長の判断で増えてきた。保安チェックをしなければならないから、何でも認めるというわけではありません」と説明する。「たとえば、ポテトチップスの中にたばこやスマホが入っていることがありました。だからチェックしなければならないんです。そんなにたくさんはできないから、例えばお菓子は禁止にして、お菓子がほしい場合は売店で購入してもらうことにしました。売店ならチェックせずにすみますから」。担当者はこうしたチェックを「保安チェック」と呼ぶと言った。

本当に、たばこを外部から差し入れすることは可能なのか。収容者たちに尋ねると、一様に「できます」と答えた。

「粉の洗剤やシャンプーを差し入れてもらうときに紛れ込ませてもらうんです。ジップロックに入れて濡れないようにくるんでボトルの中に入れれば、問題なく入ってきます。マッチやライターは禁止されていますが、乾電池のフィルムを剝がして、ボールペンのねじを両端（プラスとマイナス）にくっつけると発火するんです。トイレの中で吸えるし、吸い終わってファブリーズすれば、職員にばれません。たばこ一本五〇〇円で売買されているのも見たことがあります」。全面禁煙の入管施設内で、涙ぐましい努力と言える。

アルコールの密造も可能だと話す収容者にも出会った。ぶどうジュースやパインジュースに朝食のロールパンを入れて三日間ほど寝かせて発酵させるという。ナイロンストッキングを差し入れてもらい、それで濾《こ》せば入管版〝ワイン〟が完成するそうだ。

「牛乳からヨーグルトをつくる」と話すのはトルコ出身のクルド人。ヨーグルトはトルコ発祥ともされており、トルコでは国民的な飲み物である。食事の際、アイランと呼ばれる甘くないヨーグルトドリンクを飲む習慣があり、収容生活でも恋しくなるという。

朝食に出る二〇〇ミリリットルの牛乳パックを開け、同じく朝食で提供されるパンの表面を切り取ってパン粉状にしてからパックの中に入れる。電気ポットのお湯の中に入れて加温、一～二日待つと発酵され出来上がる。「子どものころ、トルコで家族がヨーグルトを作っているのを思い出しながら試してみました。こういうことでもしないと、収容生活には耐えられません」。遠い幼少時の記憶がまさか日本の入管施設で役立つとは思いもしなかっただろう。密造酒にせよ、ヨーグルトにせよ、いずれもイースト菌を応用した生活の知恵でもある。社会から隔離された収容施設でロールパンが活躍の幅を広げている。

「給食の味のないチキンをレトルトのトマトソースに入れて、ポットで作り直すこともあります」とは例のチャーハンのブラジル人。「でも、一番おいしかったのは同じブロックのペルー人が作ってくれたケーキでした」

売店で販売しているマフィンを刻み、牛乳と混ぜる。ポットで四〇分間温めるとスポンジが出来上がる。上に載せるのはゼリー。入管施設に冷蔵庫はないから、代用したのが氷枕だった。バケツに水を入れて氷枕やアイスノンを入れる。これを冷蔵庫代わりにして、水で溶かしたゼリーの素を冷やす。トッピングには、売店で買える数少ない果物、一本八〇円のバナナを利用し、スポンジの上にゼリーと刻んだバナナをトッピング。完成した直径三〇センチほどのケーキを十数人で食べながら、同室者の誕生日を祝った。そんな思い出がブラジル人にはある。

　生きることは食べること。家族が日本にいる人、日本人と結婚している人、難民申請している人……。それぞれ全く違う過去を背負った囚われの人間たちが集うケーキの宴に、人間の悲しみと優しさ、たくましさが垣間見える。それはまた、満足のいく食事を提供しない入管当局に対する抵抗運動でもある。

†監視機関は誰か、機能しない視察委員会

　暴力、暴言、懲罰、監禁、医療放置……。入管施設では、「人権侵害」と非難されうる行為が繰り返されている。だが、死亡事案を除き、入管庁は基本的に事実の公表をしない。収容者が死亡するに至っても、入管当局の内部調査のみで事態の収拾を図る。「対応は不相当ではなかった」と結論づける報告書が量産され、同じような事案が繰り返される。背景には、十分な権限を持った監視機関の不在がある。入管問題に詳しい弁護士の大橋毅が指摘する。

「拷問が発生する背景には権限の強い監視機関がないことがあります。きちんとした監視の仕組みがなければ、改善は期待できません」

　実は、入管施設には監視機関が形式上、存在している。法務省は二〇一〇年、透明性の確保、

運営の改善向上を図るためとして、入国者収容所等視察委員会を設置した。弁護士や医師、学者、国際機関関係者、地域住民らが委員として各入管施設を視察、年に一回入管当局に意見を言う仕組みである。

東日本地区と西日本地区に分かれ二つの委員会が存在し、委員はそれぞれ一〇人。ところが、委員は法相に任命される上、名前は非公表だ。透明性確保のために設置された委員会の構成メンバーが非公表なところに入管当局の情報開示に消極的な姿勢が表れている。入管当局関係者によれば、議事概要は作っているが、議事録は存在しない。事務局は東京入管と大阪入管の総務課に置かれ、視察委が独自に予算計上することもできない。視察委の意見はあくまで参考で、法的拘束力はなく、入管当局は無視することさえできる。そんな視察委を巡り、元委員で弁護士の鬼束忠則は「形骸化されていると批判されても仕方がない」と話す。

入管庁によると、東日本地区の委員会は二〇一八年、四回の会議を開催し、視察を九回実施、収容者と一一七件面会し、意見を二八件提出している。運動時間の延長や心理士によるカウンセリング回数の増加など視察委の意見を受け、各入管施設が改善を図った項目も確かに存在する。しかし、入管庁がインターネットで公表する「各入国者収容所等視察委員会の意見に対する措置等報告（概要）一覧表」という報告書を見ると、「視察委は形骸化している」との発言の真意がわかる。報告には、視察委の意見と各入管施設の対応（措置、検討中、講じずの三択）、そして措置内容が記されている。

例えば、二〇一五年に視察委が東京入管成田空港支局に「衛生的な環境を維持するため換気に努められたい」と求めた意見に対し、入管当局は「措置」と回答、その内容として「消臭剤を配備することとした」と記している。換気せよとの意見に消臭剤の配備で問題は片付いたと強弁する入管当局。例えば、夫婦間で「換気して」と言う妻に対し、夫が部屋に消臭剤を吹きかけたら大げんかになるだろう。ところが、入管当局のこうした対応はまかり通り、視察委も追及した様子はない。

視察委はまた二〇一一年、東日本センターに対し「正当な職務行為であったとしても制止が過剰となり、身体に危害を及ぼすことがあってはならない。十分な配慮を求める」と要請した。入管当局の回答はこれも「措置」。その内容は「引き続き適切に対応する」。単なる決意表明で、通常は改善策を示さない限り対策を講じたとはみなさないが、視察委はこの対応も追認した。その後も職員の制圧による収容者の負傷が相次いでいるのは本書で見たとおりである。

同じ二〇一二年に東日本センターに対し出された「一週間官給食を取らなかった事実（ハンスト）があったが、不満の内容を検討し処遇の改善に努められたい」との意見。入管当局は「措置」と回答し「更に処遇の改善に努める」と強調したが、具体策は何も示さない。朝食の多様化を求めた意見を巡っては「食パン、ロールパン、コッペパン等を日替わりで支給し変化

ている。

視察委はこの対応も黙認し

を付けている」として改善を拒絶した。笑い話のような対応だが、視察委はこの対応も黙認し

ている。

自らも委員を務めた経験のある明治学院大学教授、東澤靖は「入管当局の総務課が視察委の事務局を務めるという独立性の問題に加え、私たち委員も常任ではなく片手間にならざるを得ないという問題があります。常時動くための事務局も存在しないし、何かを勧告しても拘束力はなく実効性は上がりません」と問題点を指摘する。「抜き打ち査察のような視察もできないとの決まりはないが、制度としてそういうものは想定されていません」

弁護士の鬼束によれば、視察委の独立性については委員と入管当局との間で議論があったという。だが、「入管当局も問題があるとは言いましたが、「制度的にそうなっています」と言われて終わってしまいました」と振り返る。「何を調べればよいのかチェックリストもなく、委員同士の共通認識を築くのも難しかったです」と指摘、入管当局作成の「措置報告書」を見ながら、「同じようなことが繰り返し書かれてあり、自分たちの無能さが示されています」と悔しさをにじませる。別のある委員経験者は吐き捨てるように言った。

「一生懸命視察して問題点を挙げても、入管当局に改善する意思が見られない。意見を聞こうとすらしない。やる気もなくなりました」

視察委に代わるかのように、入管施設で発生した事件を収容者から聞き取り、明らかにして

いるのがボランティアの市民団体や収容者の権利擁護に奔走する弁護士である。東日本センター開設当初から二五年以上にわたり面会活動を続ける市民団体「牛久入管収容所問題を考える会」は代表的なボランティア団体だ。代表の田中喜美子は毎週水曜日に東日本センターへ行き、収容者に面会、人権上看過しがたい話があれば、精査した上で記者会見を開いたり、センター総務課に申し入れをしたりする。「入管当局が内部だけで問題点を改善するのは無理です。第三者が必要です」と田中は言う。近年の長期収容で職員も疲弊していると指摘し、日本の入管政策を再考するべきだと訴えた。

「感情のコントロールが利かなくなって、糞尿を部屋にぶちまける収容者もおり、職員も精神的に疲弊しています。収容者も職員も疲弊させる入管政策とは一体何なのでしょうか」。インターネットで日本の入管施設の状況は世界中に知れ渡っていると指摘した上で、こう続ける。

「外国人労働者を必要とする日本がこうした入管政策を続けていけば、やがて外国人から選ばれなくなるでしょう。入管問題は日本人一人ひとりが考えなければならない問題なんです」

5 他人名義で続いた拘束

†否定されるアイデンティティ

奇妙な拘束だった。スリランカ人男性セネヴィラタナ・バンダーラ・ダヌカ・ニマンタ、三六歳。強制退去を命じられ、入管施設に二年五カ月にわたり収容された。だが、収容の根拠となる退去強制令書の氏名欄にバンダーラ・ダヌカの名前はない。記載された名前はピラドゥワ・ボガハワッタゲ・チャミンダ・シシラ・クマラ。ダヌカはチャミンダの身代わりに拘束されたわけではない。入管当局によるずさんな本人確認が生んだ悲劇だった。

入管当局は強制送還を望むが、スリランカ政府は別人であるチャミンダ名義での送還を受け入れない。一方、入管当局がダヌカに日本での滞在を正式に認めるわけでもない。ダヌカに行き場所はなくなり、入管施設で出口の見えない無期限拘束を強いられた。

ダヌカの背景は複雑である。今、もつれた糸をほどき、自分の名前を取り戻そうと動いている。国を相手に訴訟も提起した。誤ったのなら、入管当局が名前を修正すればいい。そう指摘する声は多いが、入管当局はかたくなに名前の変更を拒絶する。その姿勢からは、入管庁や法務省はじめこの国の行政機関が抱える硬直性、自己保身、あるいは「当局は間違いを犯さない」という行政の無謬性神話が崩壊することの恐れさえ感じられる。

「日本でこのようなことが起きているとは信じてもらえない現実がありますが、真実です。入管当局が名前の間違いを認めない限り、収容され続けるか仮放免で外に出るしかありません。人間として扱われないのが一番悔しいんです。ぼくは命を懸けてこの闘いをします」

二〇二〇年二月四日、千葉県松戸市の市民会館。ダヌカは自らを支援してくれる市民ら約三〇人の前で思いを語った。「命を懸けて」の言葉どおり、ダヌカは満身創痍だった。東日本センターでハンストを決行後、摂食障害に陥り点滴を受けるまでに衰弱、ようやく二〇一九年一二月二六日に仮放免が許可され、一時的に解放された。東京入管での約一〇カ月間の収容を経て二〇一八年五月に東日本センターに移送された。移送時の体重は約七〇キロ。解放されたときの体重はわずか約四七キロで、ダヌカは車いすで東日本センターを後にした。

ダヌカは一九九八年九月、単身で来日した。一六歳だった。貿易会社を経営する父親の下、裕福な家庭に育ったが、父親とはウマが合わず家出するように出国、あるいは青年の冒険だったとも言える。未成年のため単独ではパスポートを入手できずブローカーに依頼、指示された渡航先が日本であり、用意されたパスポートの名義がチャミンダ・ピラドゥワだった。チャミンダとして土木や溶接の仕事をしながら、日本国内を転々として生活したが、不法残留が発覚し、二〇〇八年八月に強制送還された。チャミンダはスリランカで再びダヌカに戻った。

ダヌカは父親と和解し土木や貿易を扱う会社を設立、経営者としての才覚を発揮する。道路工事に加え、欧州やロシアに紅茶を輸出、宝石の卸売りにも手を出した。二〇一〇年一〇月には、作業員約四〇〇人、下請け企業二八社を抱える企業グループの青年実業家となっていた。そんな中、日本で知り合った知人を通じて山本浩を名乗る人物から商談を持ちかけられる。スリランカのハーブを利用したサプリメントの取引だ。ダヌカは山本の求めに応じ再来日する。パスポートの名義はダヌカ・バンダーラ。二〇一〇年一一月四日、自分の真正のパスポートを手に成田空港へ到着した。山本の指示で指紋に特殊なシールを貼り付けると、入国審査を通過できたという。商談成立後、すぐに帰国するつもりだった。

だが、空港に迎えた山本はダヌカを千葉県八千代市のマンションに連れ込んだ。自らが経営するアイエスタクトなる会社の株式を購入するよう求めたほか、現金五〇〇万円を貸すように要求、逃げられないよう見張りまで配置した。ダヌカは山本の要求を拒み続ける。三週間後の一一月二五日、マンションの扉を開くと男たちが侵入してきた。東京入管千葉出張所の職員と千葉県警八千代署の警察官で、ダヌカは八千代署に連行された。

「自分がダヌカだと言い張れば、刑務所に入ることになる。チャミンダの名前で退去強制命令を受けてください」

「前に日本に来たときと同じ名前にしないと、なかなか帰れませんよ」

東京入管の一室。八千代署から身柄を移されたダヌカは入管職員の取り調べを受けた。「自分はダヌカです」。そう主張したが、千葉県警も東京入管も聞く耳を持たない。チャミンダとして扱われ、ダヌカという別人のパスポートを使い、不法上陸したとの容疑がかけられていた。

「入管職員は「チャミンダの名前で裁判を受ければ、執行猶予が付いてすぐに帰国できる」と説明しました。「自分はダヌカです」と言うと、職員たちは怒りだし、机を叩いたりボールペンを投げたり……。本当に怖いものでした。早く帰りたいとの一心で、言われるがままチャミンダ名義の調書にサインしました」

ダヌカは沈痛の色を浮かべながら、東京入管での調べの様子を振り返る。千葉地検は二〇一〇年一二月二四日、ダヌカを入管難民法違反（不法上陸）の罪で起訴、千葉地裁は二〇一一年四月七日、同法違反でダヌカに対し、懲役二年の実刑判決を言い渡した。ダヌカは横浜刑務所に服役。刑事手続きに合わせ退去強制手続きも取られ、東京入管は二〇一〇年一二月一四日、退去強制令書を発付している。

「入管職員にだまされた」。服役中、ダヌカが味わったのは絶望感と屈辱感だった。ここから行動を開始する。スリランカ大使館や日本弁護士連合会に連絡、チャミンダ名義の誤った判決を正そうと動き出した。二〇一三年八月の出所後、そのまま東京入管に収容されたが、同年八月に国を相手に東京地裁に訴えを提起した。チャミンダ名義で出された退去強制令書の無効確認を求める訴訟だった。同一一月には仮放免が認められ、身体拘束が解かれた。

訴訟の争点はここにいるスリランカ人男性がダヌカなのかチャミンダなのかという身元の特

定である。名前というのは単純なようでありながら、突き詰めると意外と難しい。私が私であることの証明は私自身にはできない。ダヌカは訴訟で、スリランカ当局が発行する自身の出生証明書や運転免許証を本国から取り寄せ東京地裁に提出、自身の母の身分証明書や出生証明書、両親の結婚記録簿まで出している。しかし、決定的に重要な意味を持つのはスリランカ政府による証明である。日本の外務省担当者も「スリランカ人の身分事項を決定する権限は日本の入管当局にはなくて、スリランカ政府にしかありません」と語る。在日スリランカ大使館は二〇一五年一一月、「ダヌカが本名だ」と認め、ダヌカ名義のパスポートを本人に返還したとの文書を作成し東京入管に送付している。

東京地裁(舘内比佐志裁判長)は二〇一六年七月二〇日、判決を言い渡しダヌカの請求を棄却した。「(在日スリランカ大使館による)原告へのパスポートの返還について、ダヌカであることを十分な根拠に基づいて判断した上でされたものとまでいうことは困難である」と理由を述べている。要はダヌカであると認めることはできないとの判断だ。民事訴訟法は、外国政府が作成した文書は正しい公文書と推定すると規定するが、判決はスリランカ政府作成の文書を信用できないと断罪したのである。

ダヌカは控訴した。だが、東京高裁(大段亨裁判長)は二〇一七年一月、請求を棄却。「控訴人がダヌカであると認めることはできず、ダヌカ名義の旅券を所持して本邦に入った控訴人は有効な旅券を所持していない」と判断した。

「裁判所が信用できなくなりました」。ダヌカの代理人弁護士、指宿昭一は判決に驚いたと話す。「本国政府が発行する旅券以上に確かな身分証明書はありません。スリランカ大使館が旅券は本物だとして本人に返還しているんです」

在日スリランカ大使館公使のロシャン・ガマゲは取材に対し「スリランカ本国の入管当局の情報に基づき、ダヌカ・バンダーラの身元を証明する文書をすでに日本の入管当局に提出しています」と回答している。それでも、日本の入管当局と裁判所は「この人はチャミンダだ」と言い続ける。東京入管は二〇一七年七月六日、仮放免の許可を取り消し、ダヌカを再収容した。ダヌカは再びチャミンダとして囚われの身となった。

†二三キロ減、衰弱しても続く収容

東京入管に再収容されたダヌカが直面したのはチャミンダ名の使用を強要する職員の高圧的な態度だった。ダヌカが当時記録したメモからは組織的な恫喝の実態が浮かぶ。日本語の若干の乱れはあるが、高度な漢字を駆使し書き上げたメモからはダヌカの怒りがにじむ。原文のまま紹介する。

２０１７／７／７　朝点呼の時に他人の名前で呼ばれたのでこうぎしました。その際に別部屋につれだし職員三人にかこまれました。その中にいたＢ９６４（職員が名前の代わりに付ける番号）はチャミンダと呼ぶとへんじしろ、くちでへんじするか手をあげろうなどとどなれました。

２０１７／８／９　他人の名前で呼ばれるのは限界で朝点呼の時に名前が違うことがこうきし、日本に私の身分をきめる何の権限もないとこうぎしました。その際に点呼していたＢ４３１職員は本名を名乗権限はあなたにないなどと言いぼうげんされました。

２０１７／９／２５　Ｂ５９６はティブルをたたきながら、お前に言っている、お前がチャミンダだ、きこえるだろう　へんじしろ、目の前にいるお前がチャミンダだ、チャミンダと呼ぶと手を上げろうへんじしろ、そうしないとよりきびしいそちを取るなどとどなられおどしてきました。

２０１７／９／２５　Ｂ９０６が私はここのボスで点呼の時にチャミンダと呼んだあとにバンダーラと呼ぶでも条件があると言ました。その条件は一人部屋にいくしかないと言ってきました。その日の夕方から一人部屋にとじこめられました。

精神を破壊し、力尽くで屈服させる。怒鳴ることでダヌカ・チャミンダ問題が解決するならば納得もできるが、ただわめき散らして終わりである。入管当局が二〇一八年六月一九日に作成した内部文書には、「二〇一七年七月六日、東京(入管)局がスリランカ大使館に対して、身分事項をチャミンダとして領事官通報を実施したところ、同大使館領事部から「真正な身分事項はバンダーラ(ダヌカ)である」旨の連絡を受けている」と記載されており、東京入管の職員もダヌカを収容した時点で、本名がチャミンダではなく、ダヌカだと把握していたことになる。それでも、チャミンダとして扱う姿勢には、入管当局の傲慢ささえ垣間見える。

「毎日毎日、他人の名前で呼び続けられるのは苦痛でしかありません。精神的な拷問です。ただ、どんなに拷問をしてもぼくの名前は変わりません。外国人の身分を特定する権限は日本の政府機関にはないんです。チャミンダ名では送還できないのに、入管はぼくを収容して一体何がしたいんでしょうか」

二〇一八年五月に東日本センターに移送されたダヌカは同年七月、面会に訪れた筆者に悔しさをぶつけている。東日本センターはさらに、ダヌカの権利を侵害する。ダヌカと在日スリランカ大使館との通信を妨害したのである。東日本センターは同年六月、在日スリランカ大使館がダヌカ・バンダーラ宛てに送った書簡を二回、本人に届けず送り返している。外交関係で、大使館とその国の国民との通信は保護の対象とされ、当該国の当局でさえ妨害することはできない。日本政府が一九八三年に加入した領事関係に関するウィーン条約は第三六条で「領事官は、派遣国の国民と自由に通信し及び面接することができる」と定めている。入管職員の通信妨害が意図的なのか、条約の不勉強に由来するのかは定かでない。ただウィーン条約違反だとの批判が出てもなお、入管当局は状況の改善には動かなかった。

長期収容で、ダヌカは着実に衰弱していった。庁内の医師が作成した診断書には、拘禁症状とみられる多くの症状が並ぶ。抑うつ気分、思考行動抑制、不安焦燥、睡眠障害、食欲不振、希死念慮……。希死念慮とは簡単に言えば、自殺願望だ。二〇一九年九月には背中が赤くただれ、かゆみを伴う色素性痒疹を発症。うつ病との合併例が多いと指摘される症状である。睡眠薬を処方されたが、収容所からの解放には至らない。二〇一九年一〇月に改めて面会した筆者にダヌカはこう語った。

「いろいろと考え込んで、どうにもならなくなるんです。手が震えてきて、誰にも会いたくない、自殺したほうが楽になるのではないかって考えてしまうんです。何もする気が起きなくて、毎日朝から晩まで布団をかぶって過ごしています」

ダヌカは二〇一九年八〜九月、ハンストを決行した。しかし、その後に待っていたのは仮放免ではなく、摂食障害だった。

「ハンスト前から食欲はありませんでしたが、ハンストを終えた後、食べると吐くようになってしまったんです。昨日は朝食と夕食、今日は昼食をもどしました。食べ物を見るだけで気分が悪くなるんです」

収容前に知り合った日本人婚約者が差し入れるポカリスエットで栄養を補給する。点滴を希望したがなかなか認められず、ようやく実施されたのは二〇一九年一二月一九日。この間、ダヌカに面会した内科医の山村淳平は指摘する。

「人間は体重が三分の二に減少すると、生命の危険性が出てくると言われています。大村センターで餓死したナイジェリア人男性とダヌカさんの体重の推移は似ていて、元々の体重は共に約七〇キロでした。ナイジェリア人が二五日間で約四七キロにまで激減し死亡したのに対し、ダヌカさんは四カ月間で約四七キロになっています。その差でまだ死亡という事態には至っていませんが、この状態が続けば、同じ悲劇が起きてしまいます」

山村がこう指摘したのは二〇一九年一二月二四日。早急に仮放免するように東日本センターに意見書を提出している。年末を控え、点滴が不十分になるのではないかとの危惧から市民団体もダヌカの仮放免を強く訴えた。東日本センターが仮放免を許可、ダヌカが車いす姿で外に出たのは二日後の同二六日だった。

ダヌカは収容中の二〇一九年八月、退去強制令書の撤回を入管当局に義務づけるよう求め東京地裁に再び訴えを起こしている。自分はチャミンダではなく、ダヌカだ。この事実を入管当局が認めて退去強制手続きをやり直さなければ、出国することも日本で普通に暮らすこともできない。身動きの取れなくなったダヌカの最後の賭けでもあった。

†メンツへのこだわりか、間違い認めぬ国家機関

「裁判官を忌避します」

二〇二〇年二月二五日、東京地裁803号法廷。ダヌカの代理人弁護士、指宿昭一が裁判官三人を凝視し、声を荒らげた。一〇人程度が座る傍聴人席から「当然だよ」と声が上がる。中央に座る裁判長、鎌野真敬は体をこわばらせた。

「私に対してですか、それとも三人に対してですか」

「三人全員です」。鎌野の問いかけに指宿が即座に答える。

「忌避の理由書を速やかに提出してください」

鎌野は短く述べ、席を立とうとした。傍聴人席からの叫び声が法廷内に響き渡った。

「あんたたち、人間じゃないよ。人殺し、一生恨んでやる」

声を上げたのはダヌカの婚約者だった。泣き崩れた。

法廷内で傍聴人が声を発するのは希である。また、傍聴人席からの発言に裁判官が何の制止もしないのはさらに希である。鎌野は傍聴人席を見ることなく、逃げるように法廷を後にした。

この日の法廷は異例ずくめだった。ダヌカが退去強制令書の撤回を義務づけるよう国に求め

た訴訟の第五回口頭弁論。東日本センターから仮放免されたダヌカも初めて原告席に座る。意見陳述もした。だが、裁判長の訴訟指揮を巡り、ダヌカの弁護人、指宿昭一と駒井知会は怒りを露わにし、裁判官の忌避を申し立てた。「裁判の公正を妨げるべき事情があるときは、当事者は裁判官を忌避できる」との民事訴訟法に基づく措置である。裁判官にとっては誇れる話ではない。

指宿はこの日、裁判所に対し調査嘱託などを申し立てた。裁判所が直接、在日スリランカ大使館にダヌカの身元確認について問い合わせをするよう求めたのである。同大使館が指宿らに対し、裁判所から正式な問い合わせがあれば答える用意があると伝えたためで、ダヌカがダヌカであることの証明には必要な作業だった。

鎌野は左右の両陪席裁判官と共に、いったん法廷を離れ調査嘱託などについて協議、数分後に再び戻り宣言した。

「この訴訟の争点という観点からすると、調査嘱託は必要性がない。弁論は終結したいと思います。（退去強制令書の）撤回義務付けの訴訟なので、重大な損害と言えるかどうかが争点」

指宿も駒井も、その横に座るダヌカも動揺を隠せなかった。鎌野はさらに言い放った。

「氏名が誤っているかどうか、ダヌカなのかチャミンダなのかは関係ないです」

「まだ（ダヌカの）尋問もしていません。重大な損害があるかどうかは尋問しないとわからないのではないですか」。指宿が食い下がる。

「スリランカ大使館との通信も妨害されています。まだ十分な審理が尽くされていません」。

駒井も応戦した。

「これで終結します」。鎌野が議論をさえぎり結審を宣言した。話にならないと判断した指宿がとっさに口にしたのが裁判官の忌避だった。

閉廷後、指宿と駒井が説明した。

「恐ろしいことが起きました」と駒井が言う。「あなた方裁判官の下では、裁判をしてほしくないという非常に強い申し立てで、十何年間弁護士やっているけれど、私は初めてです」

「私も初めてです」と指宿が言葉を継ぐ。「抗議の意思表示というか、あなたたちのしていることは間違っていると言う必要があると思ったんです」

指宿によれば、裁判官の指摘する争点、「重大な損害」は今回のような裁決の撤回義務付け訴訟の要件になっている。訴えを起こすためには「一定の処分がされないことにより重大な損害を生ずるおそれ」(行政事件訴訟法三七条の二)がなければならない。国は、ダヌカには重大な損害が発生していないのだから、請求を退けるべきだと求めている。重大な損害が発生していない以上、ダヌカにはそもそもこの訴訟の原告になる資格はなく、ダヌカなのかチャミンダなのかはどちらでもよいことで、調べる必要がないとの主張である。

「裁判所には初めから結論があるんだと思います。ダヌカなのかチャミンダなのかという一番大事な争点があるわけですが、審理する必要がないと言っていました。ダヌカであろうとチャミンダであろうと、重大な損害は発生していなくて、原告になる要件がないから、請求は認められないと判断する方針なのでしょう」。指宿が裁判所の考えを推し量る。「国は、収容は重大な損害に当たらないと主張しているので、裁判所もそれに乗っかるつもりなのでしょう」

不可解な口頭弁論は傍聴していた支援者たちも落胆させた。二〇一九年二月に、有志一同でダヌカを支援する会をつくり、面会や裁判資金の募金活動を続ける柏崎正憲は「考えてみれば、今回の訴訟では裁判所も当事者なんです」と指摘した。「今回の訴訟では、前回二〇一七年判決の是非を検証しなければなりません。ダヌカだと認定すれば、前回判決を書いた裁判官を否定することになる。身内のかばい合いがあるのだとすれば、やりきれません」

ダヌカがこの訴訟で求めるのは自分がダヌカであることの公的な確認である。手続き上、その手段として、東京入管が二〇一〇年に発付した退去強制令書の撤回を求めている。だが、ダヌカがダヌカであると認定されれば、この退去強制令書の撤回だけでは済まない事態に発展するとみられている。ダヌカには現在、他人名義のパスポートで日本に入国したという不法上陸で退去強制令書が発付されているが、本人名義のパスポートだと認められれば、不法上陸の事実はなかったことになる。東京入管と共にダヌカを摘発した千葉県警、入管難民法違反の罪

（不法上陸）で起訴した千葉地検、懲役二年を言い渡した千葉地裁、こうした司法諸機関がそろって事実を誤り、冤罪だった可能性さえ生じてくる。前回民事訴訟の東京地裁、高裁の判決に関わった裁判官の誤りも認めざるを得なくなる。遡れば、一九九八年にチャミンダ名義のパスポートで来日し、二〇〇八年にチャミンダ名義で強制送還された事実も誤りだったことにな

写真19（上）／判決後、東京地裁の前で、パスポートを見せながら悔しさを語ったダヌカ＝2020年7月、東京都千代田区
写真20（下）／「ダヌカ・バンダーラ」と記載されたダヌカの真正のパスポート。東日本センターはチャミンダと扱っているが、ダヌカの仮放免に際し、このパスポートの携帯を義務付けている。

る。ダヌカがダヌカであることへの妨害の背景には多数の国家機関が関わる事案の複雑さがある。元入管職員の木下洋一は指摘する。

「あまりにも多くの関係機関が絡んでいる事案です。入管当局はメンツに懸けてダヌカさんとは認めない可能性があります。酷い話ですが、入管の体質とはそういうものです」

東日本センターの広報担当者は筆者に対し「人定については、(二〇一七年の)裁判所の確定判決により是認されており、当局としてはその判断の見直しを考えてはいません」と語る。

「確かに、初めに偽造パスポートで入国し問題を作ったのはぼくです。申し訳ないことをしたと反省しています」。ダヌカは自らの非を認め、反省の弁を述べる。その上で、何かにすがるように語った。

「通常あり得ないことが起きています。相手が外国人なら何をしてもよいのでしょうか。将来が見通せず、入管のせいで人生をめちゃくちゃにされました。裁判長にも「あなたが代わりにパスポートを発行してくれるのですか」と言いたいです。ダヌカという名前を取り戻さない限り、ぼくには行き場がないんです」

指宿らの忌避申し立てを却下した裁判長、鎌野真敬は二〇二〇年七月三日、判決を言い渡し、退去強制令書の撤回を求めるダヌカの請求を却下した。「原告の氏名がいかなるものであるにせよ、原告が本邦から退去強制されるべき法的地位にあることには変わりはない」と指摘し、ダヌカなのかチャミンダなのかの判断を避けた。この日、判決が言い渡された東京地裁803号法廷では、十数人の警備員が厳戒態勢を敷いていた。地裁職員によれば、鎌野の指示だという。ダヌカが、あるいはダヌカの支援者が訴訟を妨害するとでも考えたのだろうか。

第三章
親子分離の実相、強制送還の恐怖

トランプ政権による親子分離に抗議する人々。メキシコ国境から不法入国した移民2000人以上が、親子別々に収容されていた=2012年6月、アメリカ、ロサンゼルス(写真:共同通信/ゲッティ)

トランプ米政権の非正規移民に対する強硬策は日本でも広く報じられた。中でも、メキシコ国境から不法入国した移民の親子を分離する「ゼロ・トレランス（不寛容政策）」は、国内外から「非人道的だ」と非難を浴びた。

だが、日本の出入国管理の現場でも、実は結果として米国と同様、移民の親子分離が生じているのはあまり知られていない。法務省入国管理局（現出入国在留管理庁）が野党議員に開示した資料によると、入管当局は二〇一七年、外国人の子ども二八人を親と引き離し、児童相談所に保護を依頼した。さらに、日本に長期間暮らす外国人家族であっても、在留資格がないという理由で親子を分離し、強制送還したケースも判明している。

日本政府は親子の分離や国家による家族への介入を禁止する国際条約を批准しており、日本の入管政策には国連機関からも懸念が表明されるが、日本政府は事実上、無視し続けている。入管当局が移民の親子分離について公表したことはない。この章では、筆者の入手した入管当局作成の非公開資料と当事者の証言を基に親子分離の実相に迫る。さらに、親子分離を引き起こすチャーター機による集団送還の問題点も探る。

1「ゼロ・トレランス（不寛容政策）」

†空港で拒まれる難民たち

「何があっても入国させません」「働きに来たんでしょう」。二〇一七年春、成田空港（千葉県成田市）。クルド人バラン・カラハン（仮名、二七）の一家四人は難民申請しようと、トルコ・イスタンブールから到着したが、上陸を拒否され入管職員による事情聴取を受けた。バランは妻ベルフィン（仮名、二二）とともに電話通訳を通じ聴取に応じたが、容赦のない言葉を浴びた。十数人の職員が慌ただしく部屋を出入りし、緊張感が高まる。職員たちは机を叩き、声を荒らげた。

「難民申請したい」。バランは訴えた。ところが、職員たちはさらに声を大きく言い返した。

「日本で難民申請はしないでください。難民申請するなら、韓国とかほかの国でしてください」

「おカネのために来たんでしょう。私たちの仕事を奪わないでください」

バランには事態が飲み込めなかった。

「インターネットで調べたところ、日本で難民申請できるとありました。「難民申請しないでくれ」とはどういうことなのかと耳を疑いました」。バランが振り返る。

途方に暮れるバランに職員は言い放った。

「子どもたちとは引き離す」

恐怖心がバランを襲う。「あなたが帰れば、奥さんとお子さんは一緒にいられますよ」。職員が脅した。「何があっても家族で一緒にいたい」とベルフィンが懇願する。しかし、職員数人がバランを連れ出し、空港内の収容施設へと連行した。腕や肩を掴まれたため抵抗しようとしたが、「言うことを聞かなければ、奥さんとお子さんも引き離します。抵抗すれば解決しません」との言葉に体がひるんだ。「どこに連れて行くんですか」「子どもたちはどうなるんですか」。バランは必死に問いかけたが、「あなたには聞く権利がありません」。呆然としたまま部屋に入れられ、外から鍵をかけられた。

取り残されたベルフィン、当時四歳と二歳の二人の息子たち。二男はまだ卒乳さえしていなかった。「四人で一緒にいたい」「夫がいなければ私は動かない」。ベルフィンは繰り返し訴える。ところが、約一〇人の職員に囲まれ、抵抗むなしくベルフィンは簡易ベッドで休む息子たちから引き離され、別室へ連れて行かれた。「職員たちは乱暴で、押し倒されましたし、首や背中、手に傷ができました。子どもたちの様子も確認できないまま、連れ出されたんです」。

ベルフィンはトラウマとも言える悲劇を思い出しながら語った。

職員は結局、「母子は一緒」との約束を守らなかった。バランは約二週間、空港の収容施設で拘束された後、東日本入国管理センター（茨城県牛久市）へ移送された。ベルフィンは聴取翌日から東京入国管理局（現東京出入国在留管理局、東京都港区）に収容されている。

バランも記憶を辿り、怒りを露わにした。

「空港で難民申請ができなかった理由も、なぜ家族がばらばらにされたのかもわかりません」

外国人が空港で「迫害の恐れがある」として保護を求めた場合、通常の上陸手続きを離れ、「一時庇護上陸」許可申請の手続きに誘導されるのが実務上の取り扱いとされている。しかし、二〇一四〜一八年の一時庇護上陸の許可人数は毎年一〜四人。例えば二〇一七年の場合、九八人の申し出に対し許可されたのはわずか二人で、機能不全とさえ指摘される。そもそも入管職員が指導しない限り、一時庇護上陸の制度自体を知らない外国人が圧倒的である。入管当局が公表しないため全体像の把握はできないが、カラハン一家のように一時庇護上陸の手続きを案内されることなく、空港で上陸拒否されるケースは多いとみられている。

上陸が拒否された場合、外国人には退去命令が出され、出国に応じなければ、最終的に入管施設へ収容される場合もある。日本政府は難民条約を批准し、「難民の保護」を謳うが、保護を求める外国人を追い返し、申請さえ受け付けようとしない現実がある。元入管職員の木下洋一が解説する。

「不法残留や難民申請を減らすという入管当局の大きな方針の下で、自分が入国を許可した外国人がその後、不法残留になったり、難民申請をしたりすると、入国審査に当たった職員の〝営業成績〟は下がります。履歴を見れば、誰が入国を許可したのかは明らかですから。クルド人は難民申請するケースが多く、慎重審査の扱いになります」

入管施設では現在、子どもを受け入れていない。一九九〇年代ごろまでは子どもも容赦なく収容していたが、二〇〇〇年ごろから親の収容で世話をする保護者がいなくなる場合、入管当局は児童相談所に子どもの保護を依頼する運用に変えたようだ。ただ、児相の一時保護所を巡っては二〇一九年三月、東京都の第三者機関（弁護士らで構成）が私語を禁止し、会話を制限するといったルールを課すなど職員らの人権感覚が足りていないとして、改善を要請する意見書を提出しており、その処遇には問題点が指摘される。入管当局が言うように本当に「保護」に当たるかどうかは再考の余地がある。

入管当局による児相への保護依頼は空港での入国審査の場面だけでなく、すでに日本で長期間暮らす非正規滞在者も対象として実施される。日本弁護士連合会によれば、東京都に暮らすいずれもフィリピン人の六人家族が二〇〇七年四月、東京入管の摘発で親は収容され、未成年の子ども四人が児相に保護されるという親子分離が発生している。入管職員は警察官と共に自宅から両親を連行したほか、当時七～一四歳だった子どもたち三人の通う小中学校に踏み込み、授業中にもかかわらず車に乗せ児童相談所に入所させている。日弁連は収容の必要性を慎重に判断し、未成年の子どもがいる親の収容は控えるよう法相に警告書を提出した。

だが、その後も親の収容に伴う児相への保護依頼は続いている。入管当局が野党議員に開示した資料によれば、そうした子どもの人数は二〇一三年、二〇一四年に各二人、二〇一五年一人、二〇一六年は四人で、二〇一七年は二八人に増えている。出入国在留管理庁（入管庁）は取材に対し「児相に保護を依頼した子どもの人数は公表情報ではない」と回答、急増理由を明らかにしなかった。二〇一八年は二人だった。

†息子が放った「ママ、生きていたんだね」

東京五輪を機に、政府が非正規滞在者の取り締まりを強化している。第二章で見たとおり、入管施設に次々と収容、長期拘束で精神的に追い込み、自主的な帰国を迫る方針を実践する。親子分離の背景にも、こうした取り締まりの強化があるとみられている。移民政策が専門の国士舘大学教授、鈴木江理子は指摘する。

「子どもと引き離される親の精神的苦痛は計り知れず、分離させられるぐらいなら帰国しようと考え、滞在を諦める外国人も出てくる可能性があります。入管当局の狙いはそこにあるのではないでしょうか」

子どもたちは一体どこにいるのか。ベルフィンは「安否がわからず不安ばかりが募りましたが、どうすることもできませんでした」と東京入管での日々を振り返る。息子たちの居場所を教えてくれたのは入管施設で面会活動を続ける日本人の支援者たちだった。

「千葉市の児童相談所にいるそうですよ」。そんな言葉をかけられたが、半信半疑で不安はぬぐえない。入管庁は「児相に保護を依頼すれば、必要に応じて子どもの居場所を理解可能な言語で伝えている」と筆者の取材に答えている。しかし、バランもベルフィンも「入管職員から子どもの居場所は聞いていません」と断言、入管庁の説明との間には食い違いがある。

東京入管への収容から約一カ月半後、ベルフィンは息子二人と面会した。職員から「面会がある」とだけ告げられたベルフィン。連れて行かれた部屋で目に飛び込んできたのは数人の大人に混じり、椅子に座る息子二人の姿だった。喜びに涙があふれ、思わず駆け寄る。ところが、抱き寄せようとしたものの、長男は驚いた様子で逃げ出し、じっと見つめながら静かに言った。

「ママ、生きていたんだね」

「上の子は私がもう死んだと思っていたようなんです。誰がそんなことを言ったのかはわかりませんが、びっくりして逃げてしまいました」。ベルフィンは息子との再会の記憶を辿った。

「子どもに会えたときは説明のしようがなく夢のようでした。会えるとは思いもしなかったから、不思議な気持ちになったのを覚えています。下の子はまだ小さくて私に抱きついてきて、母乳を欲しがりました」

ベルフィンは計約二カ月間、バランは計約五カ月間、それぞれ入管施設に収容され、その間に難民申請した。就労禁止や移動制限などの条件で拘束を解かれる「仮放免」の許可を得て現在、関東地方に暮らす。その後生まれた三男と家族五人で難民申請の結果を待つ。

バランもベルフィンもトルコ南部から南東部にかけてクルド人が多く暮らす地域の出身だ。二〇一五年七月、トルコ軍は隣国シリア領内の過激派組織「イスラム国」(IS)の拠点と同時に、トルコ政府がテロ組織とみなす少数民族クルド人の非合法組織「クルド労働者党」(PKK)の拠点にも空爆を開始した。以後、トルコはシリア内戦に本格的な介入を始めると同時に、PKKとの全面的な対立を再燃させている。トルコでは急速に治安情勢が悪化、影響を受けたのは一般のクルド人だった。トルコの治安部隊が測量士として生計を立てるバラン・カラハン一家を急襲、バランが拘束されたのは作戦の始まった翌日である。

「PKKを支持しているか」「PKKが自宅に来たことはあるのか」。威圧的な質問が畳み掛けられる。聴取は四日間で終了したが、過去に伯父がPKK関係者と疑われ治安部隊に拷問を受けた話を思い出し、バランは国外脱出を決断した。

「初めはイタリアとか欧州に行きたかったんです。でも、査証(ビザ)が取れなくて、行き先を日本に変えました。日本はビザが要りませんし、難民申請もできますから」。バランは来日の理由を説明し、こう付け加えた。

「安全だと思っていた日本でこんなに苦労するとは思いませんでした。子どもと引き離されるぐらいならば、死んだほうがましです。今も二カ月に一回、仮放免の許可を延長するため東京入管に行きますが、毎回収容されるのではないかと不安です。三〇年間生きてきて、日本での苦労が一番つらいです」

†「子どもの最善の利益」は守られるか

米国でも日本でも、入管当局は非正規滞在者に対し、悪質な場合を除き刑事処罰ではなく、行政処分として強制退去の手続きを取る。交通違反と似た構造と言える。ところが、トランプ米政権は二〇一八年四月、「ゼロ・トレランス（不寛容政策）」をとり、不法入国者を厳しく訴追するよう関係当局に指示、一八歳未満の子どもは刑事手続きを受けないため、非正規滞在者の親子分離が相次いで生じた。こうした悲劇が米メディアで報じられると、全米各地で「非人道的だ」と抗議デモが発生する。追い込まれたトランプ大統領は同年六月、親子分離を撤回する大統領令に署名した。

国際人権団体「ヒューマン・ライツ・ウォッチ」によれば、この間に約三〇〇〇人の子どもが親から分離されている。米ニューヨーク・タイムズ紙は、二〇一九年二月までにさらに二四〇人以上の子どもが親から引き離されたと報道。民主党議員のアレクサンドリア・オカシオ・コルテスやホアキン・カストロらは同七月、米南部テキサス州の入管施設を視察した際、子どもと引き離された親がいたと証言、親子分離はその後も継続したようだ。

「トランプ政権の場合、あからさまに不法移民の親子は分離されてしかるべきだという立場をとっていますが、日本では子どもに配慮した対応を取っており、不寛容政策と同様の対応という指摘は当たらないと認識しています」。入管庁の担当者はこう強調した。「児童の収容は好ましくなく、子どもを監護する親については原則、収容せずに退去強制手続きを進めています。養育放棄など親に監護能力がない場合は親を収容せざるを得ず、児相に子どもの保護を依頼しています」

だが、カラハン一家の例を見れば、監護能力と無関係に親子が分離されており、入管庁の説明には疑問が残る。カラハン一家について尋ねると、「個別事案への回答は差し控えさせていただきます」と語った。

「日本政府が批准する自由権規約や子どもの権利条約は国家による家族への介入、親子の分離を禁止しているので、入管当局の対応はこうした条約の趣旨に反しています」

そう批判するのは入管問題に詳しい弁護士の児玉晃一だ。「子どもを放って逃亡する親は通常おらず、不必要で無意味な収容です」

子どもの権利条約は第九条で「締約国は、児童がその父母の意思に反してその父母から分離されないことを確保する」と規定する。日本政府は一九九四年に条約を批准した。この条文を巡り、「強制退去の結果として児童が父母から分離される場合に適用されるものではない」との解釈宣言をしているが、国連との見解の相違は大きく、子どもの権利委員会は二〇一九年三月、難民申請者が収容され、子どもと分離される事態を防ぐ法的枠組みを整えるよう日本政府に求めた。

日本政府は二〇一八年一二月、モロッコ・マラケシュで開かれた国連総会で、難民支援や移民保護の二つの国際的枠組み（グローバル・コンパクト）の採択に賛成している。特に後者では、「子どもの最善の利益」の確保を原則として掲げ、入管収容を最後の手段としてのみ使用すると謳う。国連総会に出席した鈴木憲和外務政務官（当時）は、国連が移住という問題に取り組み、この分野で初となる国際的枠組みとして移住グローバル・コンパクトの採択に至ったことを歓迎すると表明した。

日本政府とは対照的に、米政府は子どもの権利条約を批准していないほか、二つのグローバル・コンパクトにはいずれも「国境をどのように管理するかは最も重要な国家主権の一つだ」と訴え、加わらなかった。「米国第一」を掲げ、排外主義政策を推進、国内外の分断と対立を煽るトランプ政権。日本政府は国際協調や難民保護を謳うが、実際には米国と同様、移民の親子分離を実施、難民保護にはトランプ政権以上に消極的である。水面下で繰り広げられる日本のゼロ・トレランスはこの国の外国人政策の建前と本音を映し出している。

2 強制送還の恐怖

†引き離された母子、響く息子の泣き声

児相を巻き込んだ父、母、子どもたちそれぞれの親子分離に加え、入管当局は頻繁に片親のみを入管施設に収容、あるいは強制送還も実施し、結果として親子分離を生じさせている。残された子どもはもう片方の親と暮らすが、片親の消失という家庭環境の変化は子どもに大きな影響を及ぼす。入管当局は、外国人の出入国管理は国家主権に関わり、誰を入国させるかは国家が自由に決められるとの説明を繰り返す。一方、人権団体は「個別の事情を考慮し、日本に定着している外国人には在留を許可すべきだ」と訴えている。

二〇一八年一月、東京入管。職員が母の膝の上から五歳の息子を引き離した。泣き叫ぶ息子。取り乱す母……。職員が息子を連れ去ると、母の視界から息子の姿は消え、泣き声だけが響い

た。グエン・ティ・マイ（仮名、四六）は、抱いていた息子が連れ去られた衝撃を今も忘れることはない。「息子の泣き声が頭に響いている」。家族と分離され、強制送還されたマイは故郷、ベトナムの商都ホーチミン郊外から同年三月、テレビ電話の取材に応じ、悔しさを訴えた。

群馬県伊勢崎市で夫ファン・バン・クオン（仮名、五二）や息子と三人で暮らしていた。正規の在留資格はなく、仮放免だった。就労できないため専業主婦として家族を支え子どもの世話をする。月に一度、仮放免の延長手続きで東京入管に出頭する。そんな毎日を生きていた。

二〇一八年一月三〇日、毎月の出頭日と同じように、息子を連れて東京入管へ向かう。仮放免の許可が延長されると考えていたが、いつもと様子が違った。「旦那さんを呼んでください」と告げる職員。クオンが数時間後に急いで駆けつけると、投げ掛けられた言葉は「これからあなたは入管に泊まることになります。きょうは自宅には帰れません」。「気が動転して席を立ってしまった」と振り返るクオンがいなくなると、入管職員は「お子さんとは別の場所になります」と言った。息子の顔は青ざめていた。

「一〇人ぐらいの職員がいました。男性も女性も。抱いていた息子は膝の上から引き離され、どこかへ引っ張られていきました。私は押さえつけられた後、別の部屋に連れて行かれました」。マイは振り返る。ベトナム人通訳は「あなたは帰国します」と畳み掛けた。「息子はどこにいるの？」。すがるように尋ねるマイに職員は通訳を通じ「わかりません。私は知りません」

と言った。

東京入管では、フィリピン人やタイ人らと六人部屋に収容されたが、八日後の二月七日午後六時半ごろ、別の部屋に移された。そこにいたのはベトナム人女性四人。うち二人には日本人の夫がいた。八日午前二時半、再度部屋から出され、車に乗せられる。「もうだめだから」と告げる職員。マイに手錠をかけた。車が向かった先は羽田空港で、チャーター機により集団で強制送還させられた。機内では、厳重警備する職員の姿が目に入った。

「離陸すると、手錠は外されました。職員に挟まれるように着席し、トイレに行くときにも職員が付いてきます。ドアを完全に閉めることは許されず、少し開けたままでした」。マイが機内の様子を語った。解放されたのはベトナムの首都ハノイのノイバイ国際空港だった。「突然の収容と送還で荷物はありません。所持金は一万一円でした。ホーチミンまで帰るおカネがなく、飛行機で知り合った女性の口座に姉から振り込んでもらい帰りました」

マイには在留資格がなかった。二〇〇二年二月、研修生（技能実習生の前身）として来日し、茨城県の縫製工場で働いた。月給は約五万円。うち二万円は強制的に貯金させられた。パスポートも取り上げられた。ベトナムの送り出し機関やブローカーに支払う費用を捻出するため約五〇万円の借金を抱えており、苦しい日々にも耐えるしかない。だが二〇〇三年八月、縫製工場から逃亡した。今で言う失踪技能実習生である。伊勢崎市の食品加工工場で「不法就労」し、生計を立てる。そこで知り合ったのがクオンだった。クオンは一九九〇年一〇月に来日、難民と認められ定住者の資格を有する。不法残留が発覚したマイは二〇〇五年五月にベトナムに一度強制送還されたが、二〇〇七年八月に妹のパスポートを利用し、入国審査をくぐり抜けて再来日、二人は同年九月に結婚した。

二〇一二年一二月の長男出産を機に二人は身辺整理を決断する。妹の名前だったためいったん離婚し、マイの本名で在日ベトナム大使館に結婚届を提出した。東京入管にも出頭し非正規滞在であると申告、正規の在留を許可するよう願い出た。ところが、入管当局はマイに退去強制令書を発付、「帰国しなさい」と圧力をかけるようになる。「せめて子どもが小学校に上がるまでは送還を待ってほしい」。マイは懇願したが、入管当局は集団送還のリストに載せた。正直な申告が馬鹿を見る結果となった。

第二章で触れたように、入管当局は一般乗客の搭乗する航空機での個別送還に加え、チャーター機による集団送還を実施している。入管当局が国会議員に開示した資料によれば、二〇一八年の集団送還でベトナムに送り返された四七人のうち、一二人は法的な婚姻関係を持つ妻や夫を日本に残している。日本での在留期間が一五年を超えるベトナム人が四人おり、最長は二一年五カ月。入管当局は取材に対し、「送還を拒む者の中から、個々人の事情を総合的に判断して選んでいる」とのみ説明し、具体的な選定基準を明らかにしなかった。

NPO法人「移住者と連帯する全国ネットワーク」(東京)の事務局長で、非正規滞在者の人権問題に詳しい山岸素子は「退去強制令書が発付されても長期間、送還に応じないのは日本で暮らすしか生活の見込みが立たないためであって、そうした人たちを家族分離まで強行して、強制送還するのは非人道的と言わざるを得ません。日本社会に根ざして生活している場合は、きちんと在留許可を与えるべきです」と訴える。入管問題に詳しい児玉晃一も続ける。

「家族が一緒に暮らすのは非正規滞在者にも認められた当然の権利であり、自由権規約も保障している。強制退去を含む行政処分は罪の内容と処分の重さのバランスを考慮する「比例原則」に従う必要があります。例えば、赤信号無視の交通違反では、死刑になりません。入管難民法違反の非正規滞在が家族分断の悲劇に値するのか再考すべきで、政府は家族を離れ離れにする強制送還のあり方を見直す必要があります」

研修生として来日し、理不尽な職場に耐えかねて失踪、不法残留となり強制送還された。その後不法入国し、子どもを養育していた。マイは確かに、入管難民法に違反している。入管当局はその事実にしか着目しないが、その背景には、マイ自身の責任に帰すことのできない事情も存在する。

クオンは伊勢崎市の自宅で父子家庭として暮らす。「専業主婦の妻がいなくなり子どもの送迎、炊事洗濯、料理が始まりました。卵焼きばかりですが」。大きなベッドで長男を挟み川の字で就寝していたと懐かしがる。「長男に「ママがいない」と泣かれると困ってしまいます」。そうつぶやき、肩を落とした。

「妻は確かに法律に違反しました。それは反省しています。けれど、長男には母親が必要だし、家族一緒に暮らしたいんです。ただ、それだけです」

†忠実な公務員たち

チャーター機による集団送還は親子分離、家族分離のほかにも、国際条約違反、憲法違反の疑いを引き起こしている。入管当局は毎年度、数千万円の予算を計上、当該国の在日大使館と打ち合わせするほか、航空会社とも調整し計画を進める。しかし、予算が計上される以上、実施が至上命題となり、チャーター機を飛ばすために乗客として非正規滞在者を確保する必要に迫られる。強制送還のためにチャーター機を飛ばす制度がチャーター機を飛ばすために強制送還する事態になり、手段と目的の入れ替わる現象が生じる。入管当局は「効率的に送還ができる」と成果を強調するが、数合わせのために非正規滞在者の個別事情の検討がないがしろにされるとの批判が絶えない。二〇一四年実施の集団送還では、難民として日本に保護を求めていたスリランカ人男性が含まれていた。

二〇一四年一二月一七日、東京都港区の東京入管。スリランカ人男性、チャンドラ・ラナシンゲ（仮名、四四）は仮放免の延長申請で出頭し、不許可を告げられると別の一室へと連行された。多数の職員に囲まれる中で着席すると、自らが申請していた難民不認定処分の異議申し立てが棄却されたと伝えられる。衝撃の決定に「怖い、怖い」とチャンドラは繰り返す。気が抜けたように椅子から地面へとくずおれた。職員は文書を示しながら説明を続ける。

「椅子に座りますか、そのまま聞きますか」。チャンドラは正気を失っていた。「怖い、怖い……」と繰り返し、視線は宙を泳ぐ。「怖い、怖い……」

「このまま、話しますね」

「怖い、怖い……」

「もうひとつね、ちょっとお話があるんで聞いてください」。通訳が一文一文日本語に直す。

「今日の決定に不服がある場合はですね、裁判所でね、取り消し訴訟をすることができます。訴訟ができる期間があってですね、今日から六カ月以内。決定書とね、裁判のお知らせはね、あなたに差し上げますので」

「怖い、怖い」。チャンドラは職員に向かって言った。「弁護士呼んで、弁護士さん呼んで」

チャンドラはスリランカで野党メンバーとして活動、地方議員も務めたが、暴行や脅迫を受けたほか、自宅も襲撃された。国内各地を転々とした後、一九九九年四月に来日している。二〇一一年六月に難民申請した。日本の難民認定制度は二審制で、難民不認定処分を受けた後、不服の場合は異議申し立て（二〇一六年に審査請求に変更）ができる。異議申し立てが棄却されると、その処分の取り消しを求め、裁判所に訴えることができ、チャンドラが職員に告げられたのはこの異議申し立ての棄却だった。

「これで難民の手続きは終わりになります」。一部の職員らはそう告げると立ち去ったが、別の職員が床に腰を下ろし壁にもたれかかるチャンドラに畳みかけるように言った。

「もしあなたが裁判したところでね、デポーテーション・オーダー（退去強制令書）出てるからね、あなたを帰せないわけではないってことは理解してください」

「怖い、帰ったら危ない」「殺される」。チャンドラはすがるように訴える。「高橋ひろみ弁護士どこ、高橋先生呼んで」

職員はチャンドラに携帯電話の使用を認めた。

「自分の電話で電話しなさいよ。一応、弁護士先生だけね」

「ただいま電話に出ることはできません。発信音の後にお名前と用件をお話しください……」。チャンドラは弁護士の高橋ひろみに電話をかけたが、応答したのは無情にも留守番電話のメッセージだった。「先生助けて、殺される。早く助けて」。そう言い残すのがチャンドラにできる唯一の努力だった。関係者によれば、職員は一五分程度、チャンドラに電話の時間を与えている。だが、電話は高橋にはつながらなかった。

チャンドラは自ら訴訟提起の意思を示したが、現実問題として訴状は日本語で記載する必要があるほか、裁判所は直接の手渡しか郵送でなければ訴状を受け付けない。弁護士と連絡が付かなかった以上、入管当局に囚われたチャンドラにできることはもはやなくなっていた。

職員は携帯電話を取り上げると電源を切った。「危ない、弁護士呼んで」と食い下がるチャンドラ。職員は「呼ぶのはあなた、私たちは呼ばないさ」と突き放し、明確に伝えた。

「私たちは明日、あなたをスリランカへ送還します。これはもう決定事項です」

「裁判やる、殺される、危ない、先生呼んで」。チャンドラは訴え続ける。「裁判やる、裁判やってる。国帰ると殺される……」

不十分な日本語力の揚げ足を取るかのように職員が応答する。

「あなたが裁判やってるって話は聞いたことはありません」

「弁護士呼んで、裁判やってる」

「私たちの言うことを聞くようにしてください。あなた、荷物とか家に置いてるでしょう」と不意に職員が話題を変えた。

「国帰るできない、裁判やってる」

「その話は後でね、今は荷物の話」

「命危ない。できない」

「わかった？　もう決定事項です。あなたが荷物をどうするかってことなんです」

「弁護士呼んで、先生呼んで」

かみ合わない会話が続く。

「荷物のことを聞いているの。家まで行かなくていいですか」

「殺される、殺される」

「弁護士さん、もうだめです。さっきチャンス与えましたけど、弁護士先生、連絡付かなかったでしょう。一番いいのは荷物を取りに行くこと。行かないんですね。荷物はもう要りませんね。わかりました」

職員はチャンドラとの会話をさえぎり、規則に従うかのように自宅にある荷物の取り扱いを確認した。床に倒れ込み、過呼吸となってはあはあと息を上げるチャンドラ。「怖い、殺される、裁判、弁護士……」と繰り返す。職員らに取り乱すチャンドラを前にしても感情のぶれはない。そこにあるのは与えられた職務を忠実にこなす冷静な、あるいは冷徹な公務員の姿だった。

翌一八日、チャンドラはチャーター機に乗せられ、スリランカへと送還された。身の危険を感じ、現在も国内を転々とする日々を続けている。

実は、職員がチャンドラの携帯を取り上げた数分後、弁護士の高橋ひろみはチャンドラからの留守電に気がつき、折り返しの電話をかけている。

「事務所のあるJR恵比寿駅（東京都渋谷区）周辺を歩いていました。携帯をハンドバッグに入れてマナーモードだったため呼び出し音がわかりませんでした。午前一一時五〇分ごろでしょうか、携帯に何度もチャンドラさんから着信があって留守電を聞いてみると「捕まった。助けて。殺される」と入っているんです」。当時の驚きを振り返る。午前一一時半から一一時四五分にかけて、着信が相次いでいたという。

不安に駆られた高橋は慌てて折り返すが、すでに電源が切られていた。トラブルに巻き込まれたのか。警察なのか入管なのか。チャンドラの友人に電話すると、東京入管に行ったと知らされる。午後の予定を取りやめ、東京入管に駆けつけたのは午後一時ごろだった。

「面会の受付で事情を説明しましたが、「該当者なし」ということでチャンドラさんには会えませんでした」。高橋に悔しさがこみ上げる。そのころ、チャンドラは同じ建物の中で、翌日の送還を告げられ、絶望の淵に立たされていたのである。「自分が電話に出ていれば、送還されなかったのではないかという思いはあります。最終的にチャンドラさんがスリランカに帰国後、電話をかけてきてくれて送還の事実を知りました」

†集団送還は「一斉射撃」

外国人を国外に追放するという絶大な権限を持つ入管当局だが、その権限を事実上、行使できない場面が大きく分けて二つある。一つは難民申請者の送還停止措置であり、もう一つは裁判係属中の送還禁止だ。前者は入管難民法六一条二項に定められた規定であり、後者には法的な拘束力はないが、実務上そう運用されている。裁判の結果が出る前に強制送還すれば、日本国憲法が保障する裁判を受ける権利を侵害するためとされている。

こうした状況下で、強引に強制送還を実現しようとする場合、入管当局は空白期間に目を付ける。難民申請の不認定が決定し、新たに再申請するまでの期間、あるいは不認定処分の取り消し訴訟を提起するまでの期間である。難民申請者ではない上、訴訟の当事者でもない。強制送還から身を守るという外国人側の観点からすれば、無防備な状態だ。チャンドラのケースを振り返ると、入管当局がそうした空白期間を意図的に作り出し、計画的に集団送還の対象者に載せた実態が浮かぶ。

入管当局がチャンドラの難民申請を巡り、異議申し立てを棄却する決定をしたのは二〇一四年一一月七日。ところが、入管当局はすぐには連絡せず、同一二月一七日にその旨通知し、翌一八日に送還している。仮に決定後速やかに伝えていれば、送還までには一カ月以上の時間があり、弁護士と打ち合わせ、訴訟の提起や再度の難民申請も可能だっただろう。通知の時期を意図的に遅らせ、送還予定日の前日に知らせることで、入管当局は訴訟の芽をあらかじめ摘んだとみられている。

チャンドラは二〇一七年一〇月、憲法三二条で保障された裁判を受ける権利を侵害されたとして、国に約五〇〇〇万円の損害賠償を求め東京地裁に提訴した。高橋ひろみとともに、代理人となった弁護士の駒井知会は「損害賠償なので勝ってもおカネだけです。それよりも、こういう送還は許されないのだと裁判所に認めてもらい、二度と起きないようにするための裁判です」と強調した。難民条約は難民の条件として、母国にいないことを挙げている。つまり、スリランカに送還されたチャンドラには、日本政府に保護を求める資格がなくなった上、日本の裁判所に難民不認定処分を取り消すよう訴えることもできなくなったのである。同じく代理人となった弁護士の髙橋済も入管当局の対応を非難した。

「訴訟に勝っても、チャンドラさんが日本に戻って来られるわけではありません。だからこそ悪質な事案なんです。強制送還してしまえば、難民認定を求めて訴訟を起こすこともできない。とても不公正なやり方です」

原告側は訴訟で、難民不認定の異議申し立てを棄却した決定の通知から一日の猶予も与えず送還したのは、その後に訴訟を提起するかどうか検討する十分な機会を与えておらず、憲法三二条に定める裁判を受ける権利を侵害、国家賠償法上違法だと訴えた。「取り消し訴訟の訴えができる期間中は強制送還を控えるべきであり、訴えの利益を喪失させたことは適正な手続きを保障した憲法三一条にも違反する」と主張した。

一方、国側は「入管難民法上、入管当局には強制退去の対象となった外国人の速やかな送還が義務付けられている」と強調した。「チャーター機による集団送還では、異議申し立ての棄却決定を一斉に通知し、その翌日に送還するという方法を取っており、事前に察知されて妨害されないようにするための必要かつ合理的な措置である」と主張し、さらに「入管職員は原告に対し、外部との通信を制限しているが、原告の訴訟提起の意思を確認し、合理的な時間を与えるべき職務上の義務は存在しない」とも付け加えている。

二〇一九年一二月一〇日、東京地裁で開かれた最終意見陳述で、弁護士の駒井知会は裁判官を強く見つめながら、こう訴えた。

「原告は腰を抜かし怯えていました。「命危ない、弁護士呼んで」とつたない日本語で哀願しました。入管職員はそれを無視し、踏みにじりました。原告の電話は人生を賭けた運試しのようなものとなりました。二一世紀の日本でこんなことが起きているとは。醜さ、醜悪さに背筋が凍りました。ある映画の中で、ナチス・ドイツの将校がユダヤの人々に「これで生き延びたら殺さないでいてやる。自分の運を試してみろ」と一斉射撃する場面を見たことがありますが、まさにその場面を彷彿とさせる状況です。原告は運試しに敗れ去ったのです。原告には裁判を受ける権利があり、行使する意思もあるのに、祖国にたたき返されました。いきなりズドンの強制送還の餌食になりました。日本が基本的人権を尊重する国であることを示してほしいと願っています」

東京地裁（下澤良太裁判長）は二〇二〇年二月二七日、判決を言い渡し、原告の請求を棄却した。判決は「送還停止事由が消滅したときは入管難民法の規定に従い、速やかに送還することが求められている」と指摘し、「出訴期間を待って送還をしなければならないとする法令上の規定はなく、送還を差し控えなければならない義務があるとは言えない」と判断した。「異議申し立ての棄却決定の通知が送還直前に行われたのは集団送還を安全かつ確実に遂行するための措置だった」とも強調した。駒井の思いは届かず、国側の主張を全面的に認めた形となった。

入管当局は二〇二〇年三月一〇日にも、成田空港からチャーター機を飛ばし、四四人を集団送還している。行き先はスリランカだった。入管庁は前日の九日に難民不認定を巡る異議申し立ての棄却決定を告げたケースがあったと明らかにした。チャンドラと同じ悲劇が今も繰り返されている。

第四章
在留資格を求める闘い

解体作業で汗を流す非正規滞在者。入管当局は「不法就労」と非難するが、彼らが壊しているのは日本人が住まなくなった民家だ。重機の入れない路地では、手作業になる=2019年2月、東京都内

強制退去を命じられたが、入管収容はされず、かといって移動には制限が課せられ、就労も禁止される。仮放免者のそうした不安定な立場は大人よりもむしろ、子どもたちに悪影響を及ぼす。在留資格のない両親の下、日本で誕生し生まれながらに非正規滞在の子ども、幼少時に親に連れられ来日し、自らの意思とは無関係に仮放免になった子ども……。日本政府は教育の権利を保障する子どもの権利条約を批准するため、在留資格がなくても小中学校や高校に通える。しかし、学齢期も終盤にさしかかれば進路選択に直面、そして就労禁止の条件が進路を狭め、将来の夢を歪ませていく。そんな未成年の仮放免者が日本には約三〇〇人いる（二〇一九年一一月時点）。

非正規滞在者が正規に日本で暮らすための救済措置として、在留特別許可（在特）と呼ばれる制度がある。日本人との結婚や日本社会への定着性、人道配慮などを理由に、入管当局が特別に在留を認める制度である。仮放免者にとっては自らの存在を合法化する唯一残された道だが、非正規滞在者の取り締まり強化で近年、在特の人数は激減する。出入国在留管理庁（入管庁）は「在特は法務大臣の広範な裁量で許可できる恩恵的措置」と強調し、不許可の場合でもその理由を明らかにはしない。広範な裁量権と情報の不開示は、同じような事例は同じように扱うという平等原則からの逸脱を正当化する手段ともなり、行政への不信感を生み出す温床となっている。柔軟ではなく、恣意的な判断との批判も高まる。

在特が認められなかった場合、最後の手段として多数の非正規滞在者が裁決の撤回や退去強制令書の無効確認を求めて訴訟を提起する。法相の裁決が正しいのかどうか裁判所に判断を仰ぐのだが、裁判所は多くの場合、国側（入管当局側）の主張に追随、外国人の悲痛な訴えを退けている。背景にあるのは「外国人の受け入れは国家が自由に決定できる」と判断した一九七八年の最高裁判例（マクリーン判決）。訴訟では、裁判官もこの判例を踏襲し、入管当局の主張に基づいた判決が量産されている。

一九七八年以後、国際環境が様変わりする中で、四〇年以上前の判例に固執する入管当局や裁判所。その姿勢からは変化に対応できない前例主義や硬直化、事大主義さえ浮き彫りになる。

この章では、在留資格のない子どもたちに焦点を当てながら、一九八〇年代以降の政府による非正規滞在者対策や難民認定制度の変遷を辿る。その時々の外国人政策に合わせる形で制度や運用を変更、入管当局がいかに外国人を翻弄しているのかが明らかになる。外国人が非正規滞在に陥る原因は外国人のみにあるのだろうか。非正規滞在者の存在はこの国の場当たり的で、恣意的な外国人政策の不条理も露わにする。

1 在留特別許可

†日本に生まれ育っても「国に帰れ」

「お前たちのせいで、こうなったんだろ」。二〇一八年冬、神奈川県厚木市。寝室のベッドに座ったイラン人男性セイフォラ・ガセミ（五〇）は長男ファルハッド（一六）が泣きながら発した言葉に一瞬、我を失った。息子が父である自分に向かって「お前」と発したことは一度もなかった。

「もういいよ。きょうはもう自分の部屋で休んで」。そう促し、会話を打ち切ったが、平常心に戻るわけではなかった。自分に非があるのはわかる。けれど、自分には、この状況を打破するすべがない。横に座る妻リリアナ（四九）は「何とかなる」と口にするが、不安ばかりが膨れあがる。

セイフォラは一九九二年二月、イランの首都テヘランから単身、来日した。二三歳だった。一九八〇〜八八年のイラン・イラク戦争に従軍、テヘランに戻ったが仕事はなく、家族を支えようと、海外での出稼ぎを決断する。九人兄弟の五番目。父はすでに死亡していた。

当時、日本政府とイラン政府は査証（ビザ）免除協定を結んでおり、イラン人の来日は容易だった。一九八九年に一万七〇五〇人だった来日イラン人は一九九〇年には三万二一二五人、一九九一年には四万七九七六人に達した。戦争後の経済的苦境にあえぐイラン人にとって、バブル景気に沸く日本の労働市場は魅力的に映る。多くが一五日間の短期滞在ビザで来日、そのまま不法残留となり、人手不足が深刻化する建設現場や工場で働いた。急増したイラン人の不法就労を前に、日本政府は一九九二年四月、査証免除協定を打ち切る。その影響は大きく、一九九三年の来日イラン人は一気に四三八九人に激減した。イラン人の大量来日はこの四年間に限られる一時的な現象で、セイフォラは、イラン人が自由に来日できる最後の時期にやって来た出稼ぎ労働者だった。

工事現場などの日雇いを経て一九九八年、友人のイラン人と一緒に神奈川県厚木市で自動車の板金塗装会社を立ち上げる。約五〇〇〇万円を投資し約八〇坪の土地に建物や設備を準備、事業が軌道に乗り始めると、二人で分けても毎月一人当たり五〇万～八〇万円の収入になった。イランの家族には毎月一〇万～一五万円を送金した。この頃知り合ったのが同じく不法残留となっていた日系ボリビア三世のリリアナで、共に暮らし始めた。

二〇〇二年三月七日、神奈川県立厚木病院（現厚木市立病院）で長男ファルハッドが生まれた。体重三八〇〇グラム。待望の男の子の誕生に胸を躍らせ出生届を提出すると、厚木市役所はリリアナとファルハッドの国民健康保険の加入を認め、出産育児一時金三五万円まで支給した。もっとも二人の健康保険は二年後に打ち切られるのだが。

「当初、ビザ（在留資格）についてはあまり意識していませんでした。市役所で外国人登録ができたし、外国人登録証があると、警察に職務質問されても問題は起きません。ただ、息子の小学校入学前にビザの問題を解決したいと思い、行政書士に相談していました。入管当局に提出する妻の父の戸籍謄本とかを準備していたところ、摘発されてしまったんです」。セイフォラは悔しそうに振り返る。

二〇〇八年五月、厚木市の会社に踏み込んだ神奈川県警と東京入国管理局横浜支局（現東京出入国在留管理局横浜市局、横浜市金沢区）に入管難民法違反（不法残留）容疑で摘発、収容された。仮放免で解放されたが、東京入管は二〇〇九年一月、家族三人に退去強制令書を発付、ファルハッドは六歳にして仮放免の立場に追い込まれた。その後、再度収容されたこともあり、セイフォラはファルハッドに自分たちの状況を説明する。

祖国イランでは戦争があり、日本に出稼ぎに来たこと。二週間の期限を過ぎて居続けてしまったこと……。友人の名前と電話番号を記したメモを渡した。

「もしも、パパとママが入管に捕まったら、この人たちに連絡を取りなさい。助けてくれるから」。入管当局が居場所を把握した以上、いつ再び収容されるかはわからない。ファルハッドは小学校の低学年だったが、自分の状況を理解しなければ困るのはファルハッド自身だ。父親の責任感からだった。

「正直あまり理解できませんでしたが、違反したという言葉を聞いてよいことではないんだなと思いました。ただ、殺人とか盗みとかではないと思って安心したのを覚えています。ビザ（在留資格）についても説明されましたが、よくわからなくてピザと何が違うのだろうぐらいに考えていました」。ファルハッドは笑う。「小学校高学年になると、ビザについては理解しましたが、働いてはいけないということまでは知りませんでした」

一家は二〇〇九年に退去強制令書の発付処分取り消しを求めて提訴したが、二〇一〇年に敗訴している。それでも日本に残留した。セイフォラには帰れない宗教的な事情がある。セイフォラはイスラム教徒だが、リリアナはキリスト教徒。イランの法律は、イスラム教徒の男性がキリスト教徒の女性と結婚する場合、女性をイスラム教へ改宗するよう義務付けている。「一家で帰ることはできないんです」とセイフォラは話す。

ファルハッドは市立中学校を卒業し、県立高校へ進学した。地域のバスケットボールクラブに参加する傍ら、大学受験のための勉強を続ける。オープンキャンパスにも参加、社会学を学び将来は貿易関係や旅行関係で働きたいと思う。大学進学に当たり奨学金を探したが、仮放免では申請資格さえない場合が多く、自分では解決のしようもない環境が圧力として一六歳の心を蝕む。大学卒業後の就職にも不安はつきまとう。

非正規滞在者の取り締まり強化の中で、入管当局は再びセイフォラを収容した。二〇一八年一〇月に仮放免となったが、約一四ヵ月間の収容生活はセイフォラの心身を疲弊させる。「いらいらしたり、ぼーっとしたりすることが増えたんです。入管を出た後も、奥さんや子どもとすぐに口げんかしてしまいます。仮放免許可の更新で入管当局への出頭日が近づくと、不安で眠れなくなります」。セイフォラは頭を抱える。「もう収容されたくはありません。収容されるぐらいなら、本当にイランに帰ったほうがよいのではないかと思うことさえあります」

二〇一八年冬。セイフォラはファルハッドに話し掛けた。

「次にまた収容されたらどうしよう。収容に耐えられるかな。おカネもないし。イランに帰ったらどうなるだろう」

「イランに行ったら、今までぼくが日本でしてきたことが無駄になるから困る。小学校、中学校、高校と頑張って通ったのがパーになる。イランに行ったら、小学生レベルから言葉を覚えなくちゃならないし、そんなのは嫌だ」

「いいじゃん、無駄になっても、別に」

深い意味はなかった。セイフォラはなんでそんなことを言ってしまったんだろうと思った。ファルハッドの中で我慢していた何かがせきを切る。

「お前たちのせいで、こうなったんだろ」。涙があふれてきた。やり場のない怒り。父に向けても解決はしないが、ほかにぶつける相手はいなかった。

「父の気持ちを理解しようとしたけれど、理解したら本当に帰ることになるのではないかと思ってしまって。奨学金問題もあり、たまっていたものがこみ上げてキレてしまったんです。父がなりたくて不法滞在になったわけではないこともわかっています」。ファルハッドは少し後悔しながら当時の気持ちを整理した。

「本当につらかったです」とセイフォラ。「「お前」と言われたことよりも、そう言わざるを得ない環境にまで息子を追い込んでしまった。在留資格がないということが息子の将来に影響するとは正直、考えもしませんでした。ファルハッドには自由に自分の人生を歩んでほしい。それだけなんです」

セイフォラが東日本センターに収容されていた二〇一八年一月、ファルハッドは再び退去強制令書の裁決撤回を求めて東京地裁に提訴した。せめて子どもだけでも日本にいさせてほしい。収容生活を送るセイフォラの強い意向だった。

入管難民法は非正規滞在者の在留を正規化する救済措置、在留特別許可（在特）制度を規定する。日本人との結婚や日本社会への定着性、人道配慮を考慮して法相の裁量（二〇〇一年の入管難民法改正で地方入管局長に権限移譲）で在留資格を付与する制度だが、在特の付与に関する入管当局の決定に統一的な基準はない。同じような環境にあるとみられる非正規滞在者の中で、ある人は許可され、ある人は不許可になる。入管当局の決定に不服のある場合は、裁判所に訴えることができるが、裁判官もまた、統一的な基準に従って判断するわけではない。日本社会からの追放という決定は、当人にとっては懲役刑以上に重い決定だが、判断過程が非公開なことも相まって、不条理の世界を形成する。中でも、子どもを巡る在特判断の事例を検討すると、その不条理さは際立つ。子どもが日本で築いた生活の重さと不法滞在という法違反の事実を天秤にかけ、どちらを重視するか。その判断は入管当局の担当者、もしくは裁判官の人間性に委ねられていると言っても過言ではない。

例えば、日本で生まれた当時一一歳のフィリピン人一家の強制退去を巡る訴訟。東京地裁は二〇〇八年一月一七日、「子どもは一一歳で、未だ可塑性《かそせい》に富む年齢であり、フィリピンの言語、生活、社会に順応して困難を克服するのは十分に可能」と判断、入管当局による強制退去処分を追認した。一方、同じく日本に生まれた当時七歳のペルー人一家の強制退去処分では、大阪高裁が二〇一三年一二月二〇日、「ペルーで生活すれば、生活面や学習面で大きな困難が生じることは明らかで、精神面でも相当な打撃を受ける。安易に可塑性があると判断するのは相当ではない」と指摘し、強制退去処分は無効だと判示している。

「可塑性」とは柔軟性のことで、わかりやすく言えば、東京地裁は「君は若いからフィリピンでもやっていける」と示したのに対し、大阪高裁は「ペルーに行ったら困難が待っているのだから、やっていけるなんて簡単には言えない」と判断したことになる。一一歳に柔軟性があって、七歳にないとの客観的な事情はなく、両者の違いは法的な根拠というよりも単に裁判官の人間性から来ている。

一〇代後半の青少年に対する判決でも同様である。東京地裁が二〇〇三年九月一九日、当時一五歳のイラン人少女一家に対し「日本で育った子どもをイランに帰すのは人格や価値観を根底から覆し、負担は想像を絶する。帰国を強いるのは人道に反する」として強制退去処分の違法性を認めた。だが、大阪地裁は二〇一九年一一月二九日、ペルー人少女（一八）一家に対し「ペルーの生活様式を身につけ、新たな人間関係を構築することに伴う困難を解消することも十分可能である」と判断している。行政には、同じような事例には同じように対応する平等原則が求められるが、そうした原則とかけ離れたところに非正規滞在者の命運がかかる在特の判断がある。

「子どもは子どもなりに友人と遊び、地域コミュニティで生活基盤をつくっています。母国と言っても、見ず知らずの国です。日本で生まれ育った子どもを日本社会から追放することが国益になるのでしょうか」

元入管職員で、在特の業務にも携わった木下洋一はこう指摘し、入管当局のみが判断する現在の制度を改めるべきだと訴える。「入管当局だけが決定権を持ち、父権主義的に帰れと命じるのはあまりに乱暴です。子どもの最善の利益が何かという判断は入管当局だけではできないし、入管にはそんな能力もありません。教育や医学、心理学など多くの専門家を交えて判断する必要があるし、そのほうが客観的で公正な結論が得られるはずです」

東京地裁（清水知恵子裁判長）は二〇一九年一二月二八日、ファルハッドに判決を言い渡し、請求を棄却した。判決は「イランで新たに言語を習得し、克服することは不可能ではない。生活になじむまでに困難を伴うとしても、速やかに帰国しなかった結果、生じたものといえる」と指摘した。ファルハッドは上訴したが、退けられた。

ファルハッドは大学受験に合格し、二〇二〇年四月から神奈川県内の大学に通う。いつか在特を出してくれるのではないか。法相の裁量に改めて将来の希望を託す日々が続いている。

†幼少時に来日しても「国に帰れ」

二〇一八年一〇〜一二月、幼少時に来日したり、日本で生まれたりしたトルコ系クルド人の四家族計二〇人が国を相手に、在留資格を求める訴訟を東京地裁に相次いで提起した。いずれも仮放免者で、難民申請もしている。提訴に踏み切った背景には、来日後一〇年前後が経過し、子どもたちが将来の進路選択に直面、就労禁止のため身動きが取れなくなりつつあるという事

いる。当事者たちの素朴な願いが込められている。正規の在留資格を得てきちんと働きたい。当事者たちの素朴な願いが込められて

「自分が日本で働けるようになれば、同じように在留資格がなくて苦労する外国人の子どもも将来を描けるようになるのではないでしょうか」。原告の一人、ラマザン・ドゥルスン（二一）は、自分がモデルケースになれると話し、訴訟の意義を強調する。現在、埼玉自動車大学校（埼玉県伊奈町）に通い、自動車関連の職に就こうと将来を描く。そのためには、自動車整備士の資格も大切だが、何よりも在留資格の取得が必要になってくる。

ラマザンは二〇〇六年一〇月、父親（四五）、母親（四〇）、当時一歳だった弟（一四）と共にトルコ・イスタンブールの空港から成田空港に到着した。だが、入国審査官は一家の上陸を拒否し、空港の入管施設に収容する。三日目、父親は家族と引き離され、東日本センターへ移送された。

「父と母は泣きながらしばらく抱き合っていました。父はそれから職員に連れられ、離れ離れになったんです」。当時九歳だったラマザンの記憶に父親との別れは焼き付いている。母親と弟と共に、ラマザンは在留資格のないまま埼玉県川口市に暮らす同じクルド人の叔父宅で生活を開始する。約一年後、父親が東日本センターから仮放免され一家に合流、二〇〇九年には妹も生まれた。

一家はトルコ南部ガジアンテプの出身。トルコ政府がテロ組織とみなすクルド労働者党（PKK）とトルコ治安部隊との衝突が相次ぐ中で、ラマザンの父親も銃撃され現在も膝に銃弾が残る。政府系民兵組織に狙われたとみられている。一家は来日後すぐに難民申請したが、入管当局は「迫害の恐れはない」として、難民不認定処分を出し、以後、一家は再申請を繰り返す。

在留資格はなかったが、一家の生活基盤は日本で整っていった。ラマザンは川口市立小学校三年に編入学、約三〇人の学級で唯一の外国人だった。入学当初は石を投げられるなどのいじめを経験したが、人気アニメ『NARUTO―ナルト―』を見ながら半年ほどで日本語会話を身につけると、日本人との交友関係が広がる。小学五年からは少年野球に参加、中学でも野球部に所属した。定時制高校に進学したが、問題に直面したのはその先の進路だった。

一家は全員仮放免のため、ラマザンの高卒後の進路と密接に関わる。好きだった英語の勉強を続け通訳を目指したが、外国語の専門学校への入学は叶わない。在留資格がないのを理由に、四校は電話で断られたほか、新宿区の学校からはアドミッションズ・オフィス（AO）入試で合格した後、急遽校長との面接が設定され、最終的に不合格になった。明確な理由は伝えられなかったが、在留資格がないのが原因だとみられている。高校卒業が迫る二〇一七年の秋だった。

「悔しくて泣いたのを覚えています。けれど、何に対してかはわからなかったけれど、負けたくはないという思いが湧いてきました」。ラマザンは言う。進路は決まらず、高卒後一年間は日本語学校で勉強、その後二〇一九年春から埼玉自動車大学校に入学した。

「母国語はクルド語ですが、日本語のほうが得意で、いつも頭の中では、日本語でものごとを考えています。入管は帰国しろと言いますが、いまさらトルコで仕事を見つけられません。日本に暮らすクルド人で、車庫証明の取り方や車検の方法を知らない人も多いです。そういう人たちを支え、生活の面倒を見てくれた叔父や両親に恩返しをしたいと思っています」。ラマザンは気持ちを切り替え、自動車業界での就職を目指す。「トルコで楽に暮らせるならば、もうとっくに帰っています。仕事をしながら結婚して子どもを育てたい。日本でそういう普通の暮らしをしたいだけなんです」

†日本には存在しない若者の送還猶予

もう一人の原告、ムスタファ・チョラク（一七）は「就労禁止なので、毎日昼間から友人と会って、くだらない話をするだけです。何もできない状態にさせておくことに何の意味があるのでしょうか」と、自身が置かれた仮放免という立場に疑問を投げ掛ける。父メメット・チョラク（四六）はトルコ治安部隊から拷問を受けた経験から二〇〇五年一〇月、日本政府に保護を求めて成田空港へ到着、ムスタファは母やきょうだい計五人で父を追い、二〇一〇年八月に来日した。ムスタファは川口市立小三年に編入学し、続く川口市立中学ではバスケットボール部に所属、楽しく生活していたが、中二の後半から通わなくなる。「修学旅行の積立金の回収が月に二回あって、その封筒を毎回両親に依頼するのが苦痛になりました」。ムスタファは学校から足が遠のいた理由をそう説明した。

「中学を卒業したかったけれど、金銭的に親に迷惑をかけたくないという思いが強かったです。もっと勉強したいし、高校にも行きたい。小学校の先生が歌を歌いながら教えてくれた日本語の特別授業が忘れられません。三カ月ぐらいで話せるようになったんです。将来はそんな先生のような日本語教師になりたいんですが、在留資格がなければ何もできず、このままでは生きる意味が見えてきません」

原告側はいずれの訴訟でも、子どもの強制退去は児童の保護を求める自由権規約や子どもの最善の利益を考慮するよう要請する子どもの権利条約に違反していると主張する。一方、国側は、外国人を自国内に受け入れるか否か、どのような条件を付けるかは国際慣習法上、当該国家が自由に決定でき、国際条約もこうした国際慣習法の原則を前提としていると強調、退去強制令書に違法性はないと繰り返している。幼少時に来日し、日本の教育機関で育った子どもたちの追放にためらいを見せる様子はない。

トランプ米政権は排外主義政策で注目を集めるが、米国は出生地主義を取っているため、非正規滞在者が米国で子どもを出産した場合、米国籍が与えられ保護される。さらに、幼少時に入国した非正規滞在の青少年の強制送還を猶予する救済措置（DACA、Deferred Action for Childhood Arrivals）が存在する。①一六歳未満で米国に入国、②軍や学校に所属、あるいは卒業している、③犯罪歴がない――などを条件に強制送還を猶予する制度で、就労も認められている。約八〇万人の若者がこの立場で暮らしており、全米約一〇〇〇万人以上とされる非正規滞在者のごく一部ではあるが、将来に希望をつなげるようになっている。

トランプ政権はオバマ前大統領が始めたDACAの廃止を決めたが、全米各地で訴訟が相次ぎ、連邦最高裁は二〇二〇年六月一八日、廃止決定を認めない判断を下した。この判断には最高裁判事九人のうち五人が賛成しており、トランプ政権によるDACA廃止の決定は適切な手続きを踏んでおらず、恣意的だというのが判断理由で、廃止の是非には踏み込まなかったが、多くの非正規滞在者が救われることとなった。米ロサンゼルス在住で、移民支援に携わる弁護士リサ・オカモトは制度の意義を次のように解説した。

「幼少時から長期間暮らす若者にとって米国は母国だし、滞在する権利があるというのがDACAの発想の根底にあります。自分の意思で米国に来たわけではない子どもに責任はないと考える米国人は多くいます」

一方、日本の入管庁の担当者は取材に対し、「入管難民法は、退去強制令書が出された者の速やかな送還を求めており、猶予する措置はできない」と回答、ＤＡＣＡ導入は検討していないと言下に否定した。排外主義を掲げ、移民を敵視するトランプ政権だが、米国の制度を見ると、現状では日本政府よりも遥かに外国人を保護している。日本から米国の制度を「非人道的だ」と非難するのがはばかられる現実がここにある。

†人手不足を支える「不法就労」

「木材運んで」「君はそれ壊して」。二〇一九年冬、東京都渋谷区の住宅街の一角で男たちが声を張り上げた。頭にはヘルメット、手にはハンマーやロープ。四人の男が約一〇〇平方メートルの木造家屋を手作業で解体していた。周囲には新しい住宅もあるが、中には築数十年と推定される明らかに空き家のような家屋も存在する。変化の激しい都会で、解体作業が街の新陳代謝に拍車を掛ける。

男たちはみなトルコ出身のクルド人だ。母国での迫害を恐れ、日本政府に保護を求めるが、誰ひとり難民認定されていない。それどころか、強制退去を命じられ、仮放免の立場に追いやられている。就労は禁止され、入管当局や警察は彼らの労働を「不法就労」と糾弾、取り締まりの対象としている。

「今、仕事しているからね、入管からすれば罪になるよ。入管は仕事することと殺人を同じように考えているんだよ」。一人がそう語ると、もう一人が言った。「日本人は誰も解体なんてやらないでしょう。だいたい毎日朝六時から夜九時まで働いている。壊しているのは日本人が住んでいた家なんだよ」。路地が入り組んだ住宅街では、重機を持ち込めずハンマーやロープでたたき壊す。手や腕は擦り傷だらけで、掌には皮の剝けた跡が無数にある。「けがするけれど、医者には行かないよ。仮放免だと保険に入れないから」。そう語る男もいた。

解体、建設の現場に加え、農業や工場、飲食業……。人手不足が続く産業で、非正規滞在者が働き、日本経済の一翼を担う現実は間違いなく存在する。

「法律上の最低賃金しか支払えませんが、難民申請者をはじめ非正規滞在者のおかげで仕事が回ります。日本人を雇ったときもありますが、一日で辞める人もいて、あてにできません」。関東地方で一九九〇年代から非正規滞在者を雇う男性農家はこう指摘する。技能実習生など農業に従事できる外国人の在留資格は存在するが、「監理団体などの中間組織にピンハネされます。そんな余裕はありません」と話す。「不法就労」との事実を把握した上で、「入管は、仮放免者は働いてはいけないと言うが、それ自体が問題でしょう。カネが底をついたらどうするか。答えられる入管職員なんていません」と強調した。「生活に必要な労働をして収入を得るのは当たり前です」

日本に外国人労働者が出稼ぎとして大量に来始めたのは一九八〇年代後半だった。バブルの好景気に沸き、人手不足が顕著になった日本の労働市場は経済が低迷するアジア諸国の労働者を引きつけた。当時、日本には単純労働で働く在留資格はなく――表向きは現在もそうだが――、多くは不法残留など非正規滞在のまま、日本人が働きたがらない職場で劣悪な環境下、汗を流した。

当時、韓国やフィリピン出身の労働者が多かった横浜・寿町で医療、労働支援に奔走した韓国系日本人、平間正子（八一）は「賃金はもらえない。けがしても労災は下りない。そんな状況で働く外国人がたくさんいました」と話す。

「朝五時に仕事場に出かけ、現場で食べるお昼の弁当が唯一の食事。夜八時や九時に帰ってきてコインシャワーで体を洗い、一杯の酒を引っかけて眠る。病気になるのは当たり前ですが、当時の外国人労働者の多くはそういう生活でした」。入管当局も在留資格のない外国人労働者の状況を把握していたとみられている。一九八〇年代後半、非正規滞在のまま働いていたフィリピン人レイ・ベントゥーラは一九九三年に刊行した著書の中で、自らが入管当局に出頭した際、取調官が寿町を熟知しており、自分の住むビルの名前まで知っていたと記している。

「ぼくはショックだった。（略）自分たちがかくれていると思っているときに、実際はまるでそうではなかったなどとは、まったく気づいていなかった。見えない存在として生きていこうとするぼくたちの努力はすべて、ただのお遊びでしかなく、労働者と斡旋業者、ミグミグ（入管当局）と警察は、みんなそれぞれの役割を演じているにすぎなかったのだ。ぼくたちはかくれて暮らしている。彼らは見て見ぬふりをする。そして世論が要求したときにだけ、名ばかりの手入れをおこなう。それ以外のあいだ、ぼくたちは必要悪なのだ」（『ぼくはいつも隠れていた――フィリピン人学生不法就労記』）

実際、空港の入国審査の現場でも、現在では想像できないぐらい審査は甘く、「飛行機の乗客は九割以上、二〇～三〇代の単身の男たちだったが、ほとんどが観光目的と言って短期滞在の資格で入国審査を通り抜けていた」と話すパキスタン人もいる。

入管当局でさえ、不法就労を犯罪とは考えていなかった様子もある。元東京入国管理局長、坂中英徳は一九九三年の雑誌記事で「これ（不法就労）が、労働そのものが不法であるかのように受け取られたり、不法就労外国人を刑事犯のようなイメージでとらえる向きもあるのは問題である」と指摘、「不法就労という場合の「不法」とは、単に入管法に違反しているとの意味である」と強調した（「出入国管理行政から見た外国人労働者問題」『国際人権』第四号）。

人手不足の時代に日本経済を支えたのは在留資格のない非正規滞在者であり、現在は厳しく罰せられる「不法就労」だった。だが、日系人らの就労に広く門戸を開いた改正入管難民法施行（一九九〇年）、技能実習制度の創設（一九九三年）を機に、政府は非正規滞在者の排除に舵を切る。外国人の単純労働は認めないとの建前を堅持しながら、外国人労働力を確保できる算段がついたためである。結果、「必要悪」として黙認されてきた非正規滞在者は救済されることなく、追放される。そして非正規滞在者排除の流れを作り、「不法滞在」という概念を人口に膾炙させたのが警察だった。移民政策が専門の大阪大学准教授、髙谷幸は「当時、入管当局は在留資格がないこと自体を「不法」とは考えていませんでした。一九九〇年代前半に警察が「不法滞在」という枠組みを作り出して、治安対策として問題提起していきます」と指摘する。

警察大学校が編集する雑誌『警察学論集』は一九九三年七月号で、「来日外国人と治安」を特集した。その中で、当時警察庁警備局外事第一課課長補佐だった松本光弘は「凶悪犯罪と薬物犯罪について特別に調査した結果」だとして、「不法滞在者のほうが合法滞在者よりも、凶悪犯罪を犯す割合が三・一倍、薬物犯罪でも一・四倍高い」と強調した。さらに、①まともな外国人は合法的に滞在しようとする、②不法滞在者の日本社会への適応は合法滞在者に比べて劣る、③規範意識も不法滞在者のほうが低い——と「推測」し、不法滞在者のコミュニティができると犯罪グループを呼び込む温床になると指摘、不法滞在者の取り締まり強化を訴えた（「来日外国人に係る犯罪」）。

だが、この論文では「特別な調査」がどのように実施されたのかは明らかにされず、本当に「不法滞在者」がまともではなく、適応能力や規範意識が低いのかを考察した跡は見られない。

ただ、警察はこの方針を強調し始め「不法滞在者」を治安上の問題として位置づける。警察

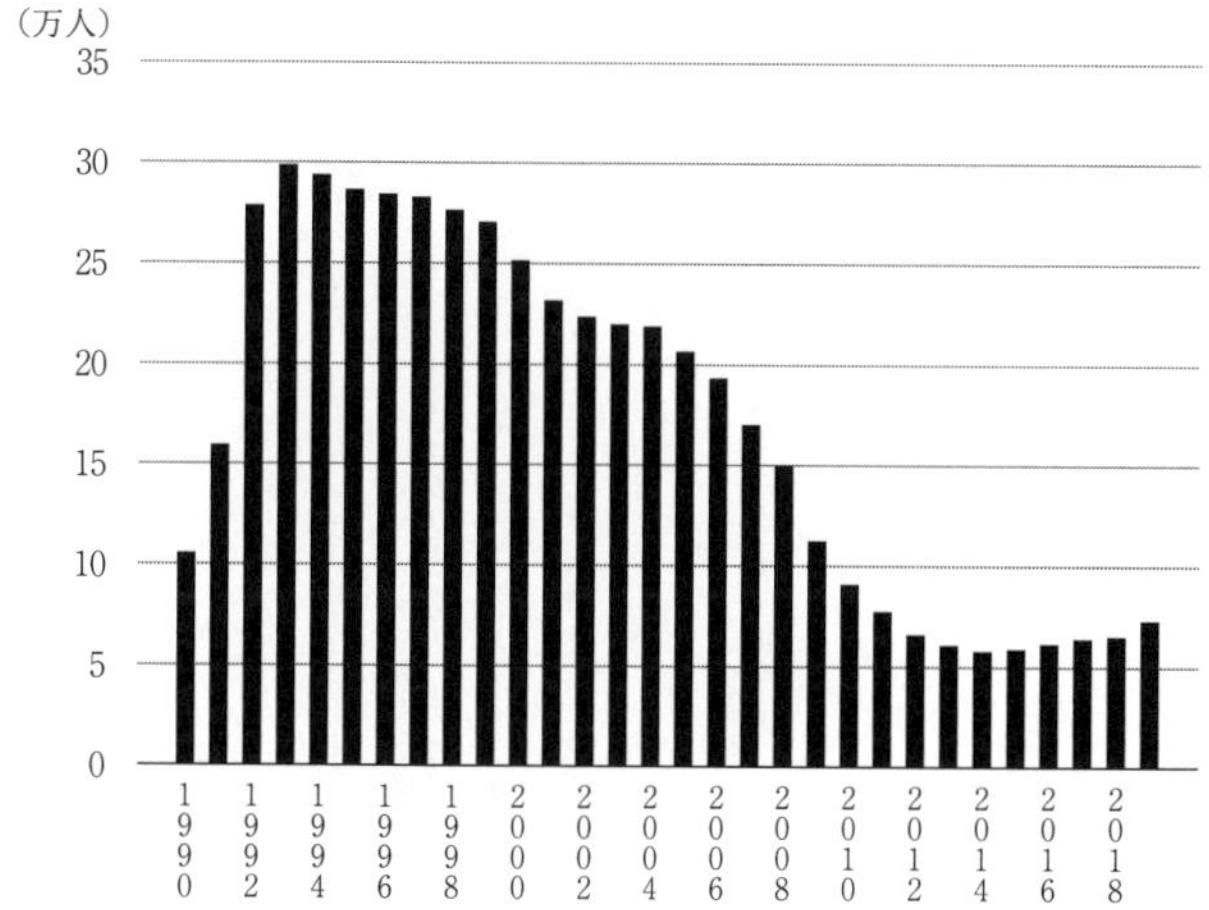

図表６　不法残留者数の推移

入管庁資料を基に筆者作成。各年１月１日付の人数

白書が「不法滞在者」との分類を取り上げ始めたのも一九九三年である。以後、犯罪者としての「不法滞在者」が行政用語として用いられる（髙谷幸「「外国人労働者」から「不法滞在者」へ」『社会学評論』第六八巻第四号）。

警察や入管当局による取り締まり、一九九〇年の改正入管難民法で新設された不法就労助長罪の効果もあり、非正規滞在者の大部分を占める不法残留者は一九九三年に約二九万八〇〇〇人でピークを迎えた後に減少、二〇〇四年には二一万九〇〇〇人となった（図表６）。日本人の非正規滞在者や不法就労を巡る意識も変化する。国士舘大学教授、鈴木江理子によれば、内閣府の実施する外国人労働者に関する世論調査で

「不法就労はよくないがやむを得ない」と回答する割合は一九九〇年の五五％から二〇〇四年には二四・五％に減少。一方で、「よくないことだ」との回答は同期間に三二・一％から七〇・七％にまで増加している（『日本で働く非正規滞在者――彼らは「好ましくない外国人労働者」なのか？』）。

「不法残留はよいことではありませんが、日本企業が私たちの労働力を必要としていたというのも事実ではないでしょうか。救済措置もなく追い返すのは酷すぎませんか」。一九九二年に来日、三〇年近く仮放免で暮らすイラン人が恨み節を語る。「私たちも人間です。日本で働く間に家族ができ、子どもを養わなければならなくなりました。帰れ帰れと言われても、今さら帰れません」

†「お祭り」となった不法滞在者半減計画

一九九三年に約三〇万人に達した不法残留者がその後、警察による取り締まりの強化により徐々に減少する中で、警察にとって追い風となったのは国際社会で高まるテロや国際組織犯罪への対策を求める声だった。警察は外国人犯罪対策を打ち出し、入管当局も犯罪者としての「不法滞在者」という分類を共有する。警察と入管当局による合同摘発も増えていった。警察は当初、世論から「外国人狩り」と批判されるのを恐れていたが、「治安悪化」神話が広まる中、犯罪対策と銘打つことで批判をかわす。二〇〇一年七月には内閣府に「国際組織犯罪等・国際テロ対策推進本部」を設置、今後の取り組みとして「多くの不法滞在者が存在し、国際組織犯罪の温床になっている」と喧伝、非正規滞在者の取り締まり強化を訴えた。直後の九月一一日に米中枢同時テロが発生、こうした諸情勢も警察の政策に正当性を与えることになる。

一九九九年に都知事に就任した石原慎太郎が外国人犯罪対策を訴え、警視庁や法務省も呼応する。法務省入国管理局、東京入国管理局、東京都、警視庁の四者は二〇〇三年一〇月、「首都東京における不法滞在外国人対策の強化に関する共同宣言」を発表、「わが国の治安対策上、不法滞在者問題の解決が喫緊の課題となっている」とし、摘発強化と効率的な強制退去を実施する方針を打ち出した。政府レベルでも犯罪対策閣僚会議が発足、同年一二月には行動計画を発表し、改めて「不法滞在者の摘発強化」を謳う。この行動計画を基に二〇〇四〜〇八年に実施されたのが「不法滞在者5年半減計画」である。

入管庁のサイトに「不法滞在者5年半減計画の実施結果について」と題された二〇〇九年二月一七日付のページがある。「不法滞在者を日本に「来させない」」、「入らせない」」、「居させない」」を三本柱に総合的な施策を実施した」と強調、「5年間で48・5%の不法残留者を削減し、国民が安心して暮らせる社会の実現に貢献した」と誇る。確かに表面的な数字を見ると、二〇〇四年一月の二一万九四一八人から二〇〇九年一月には一一万三〇七二人になっており、不法残留者はほぼ半減した。しかし、その内実を詳しく検討すると、別の様相が浮かんでくる。

非正規滞在者の数を削減しようとする場合、二つの方法がある。一つは強制送還であり、もう一つは滞在そのものの正規化だ。イラン人ファルハッド・ガセミの例で見たように、滞在の正規化は日本では、在留特別許可（在特）制度と呼ばれ、日本人との結婚をはじめ日本社会に定着した外国人の在留を特別に許可する仕組みである。入管難民法に規定された法的措置であり、入管当局は「法相による恩恵的措置」と強調するが、帰るに帰れない事情を抱えた非正規滞在者の法的地位を安定させるために導入されている。

実は、入管当局が半減計画の実施期間で取った対策はこの在特制度の弾力的運用だった。二〇〇四年から二〇〇八年の間に在特を取得した人数は四万九三四三人に上る（図表7）。半減した不法残留者一〇万六三四六人のうち約半分は非正規滞在者の正規化で対応したのである。昨日までの法違反者が今日は普通の人となるこの制度で、半減計画は達成された。二〇〇四年には、速やかな出国を条件に通常五年間の上陸拒否期間を一年間に短縮するなど恩恵を与え、不法残留者に出頭を促す出国命令制度も導入、不法残留者を減少させるためにいかに入管当局が必死だったかが浮かぶ。

警察や入管当局は非正規滞在者を「犯罪の温床」だと非難の的にするが、五万人の法違反者を正規化し、日本社会での暮らしを認めたところで、治安が悪化したという話は聞かない。入管当局が強調する「国民が安心して暮らせる社会の実現に貢献した」との真相は強制送還による「犯罪者」の追放ではなく、日本社会に普通に暮らす非正規滞在者への在留資格の付与だった。半減計画実施中に在留特別許可の業務に携わった元入管職員、木下洋一は「不法残留者をとにかく半減するのが至上命題で、多くの在特を出しました」と振り返る。

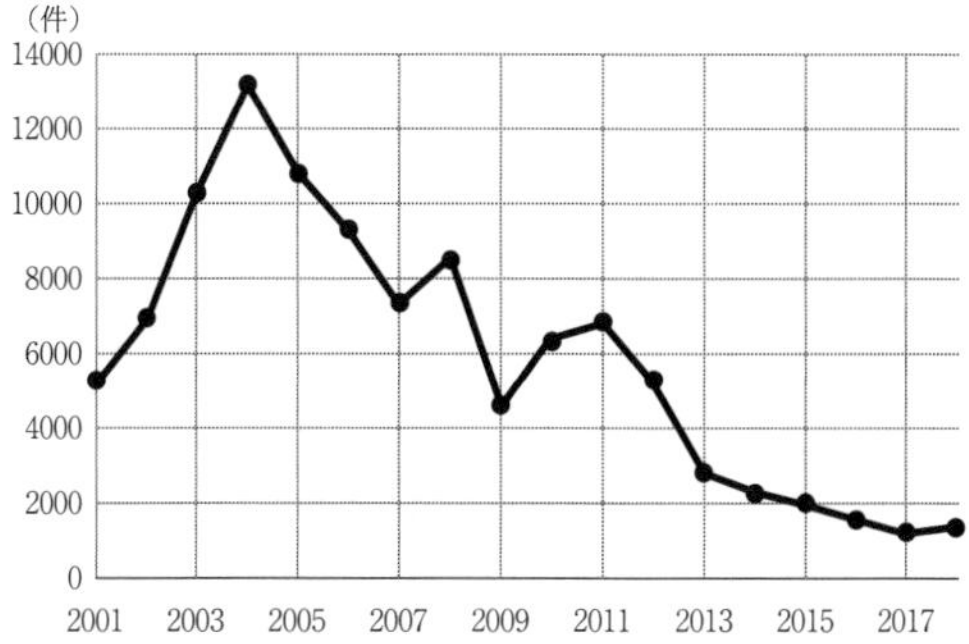

図表7　在留特別許可件数の推移

入管庁資料を基に筆者作成

「この間、摘発を強化していたのは事実です。ただ、入管の職場はそれ以上に、とにかく在特を出そうという雰囲気に包まれていました。「在特祭りだ」と言って非正規滞在者を正規化していったんです」。当局の摘発や自らの出頭で在留資格のない外国人の入管難民法違反（不法残留、不法入国など）が発覚した場合、強制退去に向けた手続きが始まる。入国警備官による違反調査の後、入国審査官による違反審査、特別審理官（職種は入国審査官）による口頭審理、法相よる裁決という三段階の調べを経て、法相が「特別な事情がある」と判断すれば、在特が出る仕組みだ。半減計画の実施期間中、入管当局は在特を出す基準を緩め対応した。

「子どもがいたり、日本人と結婚していたり、そういう一定の条件がある場合、すぐに在特を出していました。「スーパー在特」と内部で呼ばれているようなものもあって、一日で許可を出したこともあります」。木下は言う。「違反審査を割愛し、口頭審理でも「結婚しているんだよね」などと簡単な確認で終わりです。半減計画が達成しなかったら、幹部の首が飛ぶみたいなうわさも流れて、ある程度の条件があれば一律に許可を出していました。ある意味で公正な行政でした」

入管当局は二〇〇九年以降、在特許可の厳格化に方針転換する。二〇〇四年には一万三二三九人だった在特の許可人数は二〇一七年には一二五五人にまで減少、二〇一八年は一三七一人で同水準が続いている。入管庁は「在特の許否に当たっては、希望する理由や家族の状況、人道配慮の必要性などを総合的に判断しており、(運用に)特段大きな変更はなく従来どおりだ」と強調する。しかし、退去強制手続きで、口頭審理後に法相の裁決で在特が認められる外国人の割合(在特許可率)は二〇〇四年に九三%だったのに対し、二〇一七年には五〇%、二〇一八年には六四%となっている。非正規滞在者の支援にも携わる弁護士の指宿昭一は「現場の実感として、以前は日本人と結婚し子どもが生まれた外国人にはすぐに在特が出ていましたが、最近は子どもが生まれたとしても二歳ぐらいになるまで認められないケースが多いです」と指摘する。

在特が厳格化される中で、増えていったのが第二章で詳述した入管施設の収容者の増加である。帰るに帰れない事情を抱える非正規滞在者の救済の道を狭めた当然の帰結とも言える。国士舘大学教授、鈴木江理子は「医療費も食費も含めて収容には予算が掛かるし、強制的に送還しようとすれば、国費を使わざるを得ません。非正規滞在者を追い詰めるのはかえってマイナスです」と訴える。

「長期収容で非正規滞在者の身体、精神を破壊するよりも、長期の在留で身につけた日本語力をはじめとする能力を生かしてもらったほうがいい。労働力不足というのなら、在特で滞在を正規化すれば、非正規滞在者本人だけでなく、日本社会にとってプラスになります」(鈴木)。

半減計画期間中にはどんどん許可し、終わった後は蛇口の栓を閉めたかのように認めなくなる。行政の平等原則という観点から見ても疑問が湧くが、それが可能になる根拠が入管当局に与えられている「裁量」だ。そんな裁量行政を下支えしているのが四〇年以上前の判例である。

†マクリーンの呪縛

外国人の入国や在留といった日本の出入国管理行政を考えるとき、避けては通れない一つの判例がある。「外国人の受け入れは国家が自由に決められる」「法相の裁量は広範である」「外国人の基本的人権は在留制度の枠内で与えられている」との点に要約される一九七八年一〇月四日の最高裁判決で、原告の氏名にちなみ通常、マクリーン判決と呼ばれている。不透明で野放図な裁量行政を容認するこの判例は、入管当局の決定を正当化する根拠となっている。

入管当局やその主張に追随する傾向の強い裁判所は四〇年以上、この判例に固執するが、学者や弁護士からは判決自体の問題点に加え、判決後の日本を取り巻く国際環境の変化から見直しが必要だとの批判は根強い。それでも、入管当局や裁判所がこの判例に依拠し、非正規滞在者の訴えを退け続けている。

米国人ロナルド・アラン・マクリーンは一九六九年五月、語学学校の英語教師として来日した。在留期間の更新を求めたが、入管当局は一九七〇年五月に拒否、理由として無届けの転職や外国人べ平連（ベトナムに平和を！　市民連合）に所属し、米国のベトナム戦争介入に反対する政治活動を実施したことを挙げている。入管当局の決定を不服として、マクリーンは提訴する。一審判決はマクリーン側の主張を受け入れ、更新を認めない入管当局の処分を取り消したが、控訴審は一審判決を取り消し、最高裁はマクリーン側の上告を棄却した。判決要旨は以下のとおりである。

・憲法は外国人の入国については何も規定していないから、国際慣習法上、国家は外国人を受け入れる義務を負うものではなく、特別の条約がない限り、外国人を自国内に受け入れるかどうか、受け入れる場合にいかなる条件を付するかを、当該国家が自由に決定できる

・憲法上、外国人は入国する自由を保障されているわけではなく、在留の権利や引き続き在留することを要求する権利を保障されていない

・出入国管理令（当時）は法相の裁量範囲を広範なものとしている

・裁判所は、法相が判断の根拠とした事実に間違いがあったり、評価が合理的でなかったりした場合に、社会通念に照らして著しく妥当性を欠くかどうかについて審理する

・外国人に対する憲法の基本的人権の保障は外国人在留制度の枠内で与えられているに過ぎない

外国人には、在留制度の枠内でしか基本的人権なんてないし、受け入れるかどうかは法相が自由に決めてください。裁判所もよほどのことがない限り、口出ししません。言葉は悪いが、おおむねそんなような内容である。入管当局の法務官僚、池上努は一九六五年、著書で「（外国人は）「煮て食おうと焼いて食おうと自由」なのである」（『法的地位200の質問』）と書いたが、こうした考えは著書刊行から一三年後、裁判所からのお墨付きを得たとも言える。

一方、入管当局の自由裁量を容認する判決には、当然多数の批判が存在する。代表的な論者

が元最高裁判事の泉徳治だ。「外国人に対する憲法の基本的人権の保障は「外国人在留制度の枠内」で与えられているにすぎないということは、外国人在留制度が憲法の上にあり、法務大臣の処分について違憲の問題は生じないということである」。泉はそう指摘し、入管難民法が憲法よりも上位に位置づけられた判決の奇怪さを非難する。「外国人在留制度も国家権力の行使として憲法の枠内で運営されるものであり、法務大臣の入管法に基づく処分についても違憲の問題が生じうる」(「統治構造において司法権が果たすべき役割――マクリーン判決の間違い箇所」『判例時報』第二四三四号)。

大阪大准教授の髙谷幸はマクリーン判決後の国際環境の変化を指摘する。「一九七八年以降、日本政府は多くの国際条約を批准しています。条約を踏まえて考え方を見直すべきです」。日本政府は一九七九年に家族への恣意的な干渉の排除や国家による家族の保護を謳う自由権規約を批准、一九八一年には適切な難民保護を義務付ける難民条約に参加した。さらに、子どもの権利条約も一九九四年に批准している。確かに国際条約の影響を受け、裁判所が変化を見せた例もある。東京地裁は一九九九年一一月一二日、日本人と結婚したバングラデシュ人に在特を与えなかった法相の裁決は自由権規約の趣旨に反するとして、入管当局による退去強制令書を取り消した。しかし、こうした事例はごくわずかで、多くの裁判官がマクリーン判決を踏襲し、非正規滞在者の切実な訴えを退けている。

国際条約を軽視する姿勢には、国連機関からも批判が相次ぐ。自由権規約委員会は一九九八年、「裁判官、検察官、行政官に対し、規約上の人権についての教育が何ら用意されていないことに懸念を有する」と非難した。子どもの権利委員会も同年、日本政府に「子どもの権利条約が国内法に優先し国内裁判所で援用できるにもかかわらず、実際には、裁判所が判決の中で国際人権条約一般や子どもの権利条約を適用していない」と懸念を表明している。

欧州諸国では、欧州人権裁判所が家族関係への考慮を理由に各国政府の強制退去処分を違法とする判断を相次いで示している。例えば、一九九一年二月の判決。ベルギー政府は強盗などを繰り返し二二の犯罪で実刑となった二〇歳の男を強制退去処分としたが、男は二歳でモロッコからベルギーへ移住、家族がベルギーに暮らしていることを理由に、欧州人権裁判所は強制退去処分を違法としている。家族への干渉を禁じる自由権規約一七条と同趣旨の欧州人権条約八条が根拠だった。

国際条約の批准を機に、人権を巡る環境が根本的に変化したのに加え、人の国際移動の観点でも日本は現在、マクリーン判決時とは全く違う国際環境の中にある。一九七八年の訪日外国人数は一〇三万八八七五人で、在留外国人数は七六万六八九四人。それから四〇年以上が経過し、二〇一九年の訪日外国人数は三一八八万二一〇〇人（政府観光局）に、在留外国人数は二八二万九四一六人（入管庁、二〇一九年六月時点）になり、いずれも過去最高を記録している。

街中には、外国人観光客があふれ、都市圏ではコンビニのレジは外国人留学生のアルバイトばかりだ。四〇年前と同じ外国人観を抱く日本人はほとんどいない。定住する外国人の国籍も多様化する中で、様々な立場で暮らす外国人を一括して「外国人」という概念でまとめられるのかどうかも再考の余地がある。

入管当局はそれでも「外国人の受け入れは国家が自由に決められる」「法相の裁量は広範である」「外国人の基本的人権は在留制度の枠内で与えられている」と繰り返す。「裁量」を武器に在特の許否を判断し、マクリーン判決を盾に正当化する。裁判所も四〇年以上、マクリーン判決に判断の枠組みを委ね、多くの裁判官が入管当局の姿勢を追認してきた。

「欧州諸国でも、政府は日本と同様、非正規滞在者を追放しようとします。けれど、裁判所が強制退去で得られる公益と追放される非正規滞在者個人の私的な損害を天秤にかけて審理し、非正規滞在者を救っています。日本とはそこが違うんです」。入管問題に詳しい弁護士の児玉晃一が指摘する。「日本の現状を変えるには、マクリーン判決を踏襲する裁判所が変わらなければなりません。マクリーン判決が諸悪の根源なんです」

†「ガイドラインは基準ではない」

在留特別許可（在特）をはじめ、出入国管理行政の透明化を求める声が高まっている。在特が不許可になった場合、その理由さえ明確に伝えられない状況では、生活が一変する非正規滞在者から不満が出るのは自然である。行政全般の透明化を巡っては、行政手続法が一九九四年に施行され一定の前進があった。行政庁に対し、行政処分の審査基準を定め、できる限り具体的にして公開、不利益処分の際には理由の開示を求める同法は定着しつつあると指摘されている。

「国家主権に関わるため」（総務省担当者）として、出入国管理行政は行政手続法の適用除外となっているが、透明性を要求する世論を背景に、入管当局も対策を講じてきた。二〇〇五年に「在留特別許可された事例及び在留特別許可されなかった事例」を発表。さらに、透明性と公平性をさらに向上させるためとして、二〇〇六年一〇月に「在留特別許可に係るガイドライン」を公表、二〇〇九年七月に改訂している。改訂の根拠となったのは、同年の入管難民法改正で附則六〇条に修正追加された「法務大臣は、（略）在特の運用の透明性を更に向上させる等その出頭を促進するための措置その他の不法滞在者の縮減に向けた措置を講ずることを検討するものとする」との条文である。ここに、在特ガイドラインは法的根拠を持つ文書となった。

だが、在特を巡る透明性の問題は解決には至らず、むしろ奇妙な袋小路に突入したように映る。入管当局による在特ガイドラインの運用に透明性が見えないためだ。入管庁は裁判でも、取材に対してもこう強調する。「ガイドラインは基準ではない」

二〇〇九年七月のガイドラインは「在留特別許可の許否の判断に当たっては、個々の事案ごとに、在留を希望する理由、家族状況、素行、内外の諸情勢、人道的な配慮の必要性、更には我が国における不法滞在者に与える影響等、諸般の事情を総合的に勘案して行う」と掲げる。その上で、積極要素と消極要素に分けて事例を挙げている。

「特に考慮する積極要素」として列挙されるのは、①日本人の子、②日本人との間に出生した実子、③日本人と婚姻が法的に成立している場合、④本邦の小中学校に在学し相当期間本邦に在住している実子を養育していること――などである。また、「その他の積極要素」としては、不法滞在を申告するため自ら出頭したことや滞在期間が長期間にわたり定着性が認められることが挙げられている。

「特に考慮する消極要素」として記載されているのは①重大犯罪等により刑に処せられたことがあること、②出入国管理行政の根幹にかかわる違反をしていること。また、偽造パスポートによる不正入国などが「その他の消極要素」として書かれている。

「ガイドラインは在特を付与するか否かについての基本的な考え方を明らかにし、透明性、公平性を向上させるのを目的に公表しています」。入管庁の担当者は取材に対し、こう説明した。「積極要素が一つ存在するから許可の方向で検討するのではなく、総合的な判断です。一〇〇%ガイドラインどおりかと言われると、ガイドラインはあくまで指針でしかなく、判断基準そのものという考えは採っていません。そこが入管の裁量権です」

在特の判断は前述のように、入国審査官の違反審査、特別審理官の口頭審理、法相の裁決という三審の後に決まる。多くの場合、在留資格がないという事実関係には争いがなく、非正規滞在となった背景や事情を確認していくことになる。その過程で在特を出すか否かの道筋がある程度つけられていく。

「「許可相当」とか「不許可相当」とかを文書にします。入国審査官が判断し、道筋を付ける時点で裁量が働くんです。基準は曖昧で、担当者の心証に大きく左右されます。例えば、日本人と結婚している非正規滞在者を判断する場合、「日本人妻と結婚している」と一文で終えてしまうか、「日本人妻と結婚していて結婚歴は長く、家族のつながりは深い」と書くかは担当者次第です。いくらでも恣意的にできます。不法就労の事実を大げさに記載することもできるし、日本にとっていかに有害かとも書ける。さじ加減を握っているのは現場の担当者なんです」。元入管職員の木下洋一が在特業務の実務を解説する。「不許可と判断すると、悪い人間を追い返した、国の役に立ったという手応えを感じる職員は多いんです。野放図な裁量なので、おかしいと思う職員もいますが、入管内部で評価されるのは不許可処分を多く出す職員です」

在特を求める訴訟を見ると、ガイドラインが事実上、無視されている実態が浮き彫りになる。そこでは、ガイドラインの存在意義さえ否定するような主張が国側から堂々と展開されている。

トルコ出身のクルド人で、一九九三年に来日、日本人女性（三七）と一〇年以上、結婚生活を送りながら、在特が許可されないアリ・アイユルディズ（四三）。二〇一八年五月に在特を求めて国を相手に提訴したが、争点の一つになったのが在特ガイドラインのあり方だった。

原告側は「婚姻期間は長く、ガイドラインに従い在特を出すべきだ」と主張、国側は「ガイドラインは基準ではない」「法相の裁量はガイドラインに縛られない」と反論する。国側の主張によれば、法相の裁量は広範だとしたマクリーン判決は現在でも妥当で、法相にはガイドラインに沿った審査をしなければならない義務はないという。「在留期間の長期化は不法残留を正当化するものではなく、在特判断で積極事由として考慮すべき事情には当たらない」「違法な残留状態を継続する中で婚姻関係が長期化しても、要保護性が高まるとは言えない」と述べ、在特ガイドラインと真逆の主張をしている。

行政庁が作成する審査の基準を巡っては、パチンコ店の営業停止処分に関する二〇一五年三月三日の最高裁判決に注目が集まっている。判決の日にちなみ「ひな祭り判決」と法曹関係者の間で呼ばれるが、基準を作って公表したのならばそれを守る必要があると判示している。「信頼保護の観点から、処分基準と異なる取り扱いをすることを相当と認めるべき特段の事情がない限り、処分基準の定めと異なる取り扱いは裁量権の範囲の逸脱、濫用に当たる」

アリの代理人で、弁護士の大橋毅は「ひな祭り判決は行政手続法に基づく基準についての話ですが、在特ガイドラインは入管難民法を根拠に作られており、実定法に基づくという点では同じです。公表した以上、在特ガイドラインも拘束性のある審査基準になるはずです」と指摘する。「在特ガイドラインは非正規滞在者の出頭を促す役割もあり、それを見て在特が得られると思って出頭した非正規滞在者に対して、ガイドラインを守る必要はありませんというのは、だまし討ちに他なりません」

東京地裁（森英明裁判長）は二〇二〇年六月一一日、アリの請求を棄却した。判決は「これら（ガイドライン）を裁量基準としないことが信義則に反するとはいえない」とし、国側の主張を追認している。

入管当局はマクリーン判決で確立された「広範な裁量権」に四〇年以上こだわり続け、在特ガイドライン策定後も縛られる必要はないと強弁する。元入管職員の木下は言う。「入管当局は強大な権限を手放したくないんです。職員には、おれたちが外国人の首根っこを摑んでいるという強烈な意識があります。けれど、無規律な裁量行政は結果として、国益を損なうのではないでしょうか。日本人との結婚を壊してまでも守る国益とは何なのでしょう。もう今の時代、広範な裁量権を持っていると言って、悦に入っていても仕方ありません」

入管当局が依って立つ入管難民法を改めて読み返してみる。一条には次のように書かれてある。「本邦に入国し、又は本邦から出国する全ての人の出入国及び本邦に在留する全ての外国人の在留の公正な管理を図ることを目的とする」。公正とは何か。今それが問われている。

2 揺れる難民認定制度

†突然奪われた在留資格

陰雨が続いている。二〇一八年四月二五日、トルコ出身のクルド人アザード一家（仮名）は入管当局の出頭要請に応じ、早朝から東京入国管理局（東京都港区）の玄関で開門を待った。午前八時半に扉が開くと、三階のロビーへ。九時過ぎになると、ようやく父アルズ（仮名、四九）が呼ばれ、順次一人ずつ小部屋に入った。長女で高校生のジワン（仮名、一八）が部屋に入ると、二人の入管職員が待っていた。一〇平方メートル程度の広さで、中央には机がある。女は座り、男は立っている。

「ジワン・アザードさんですね」。女が話し掛けた。

「はい」。ジワンは答える。

「一九九九年七月一二日生まれで、間違いないですね」。書類を見ながら確認した。

「はい」

「在留期間更新の許可申請が出ていますが、今回、理由が認められないので不許可にします」。女は唐突に言った。「日本にいられなくなりますので、今日から不法残留になります」

マジか。ジワンの心臓が高鳴る。家族の予感は的中した。午前五時過ぎに、埼玉県川口市の自宅を車で出発すると、母シーリーン（仮名、四七）は車中、「ビザ（在留資格）がなくなるんじゃないの」「就労許可が取り消されるんじゃないの」と入管当局の呼び出し理由を予想し、不安を口にした。篠突く雨に気分が沈む。ワイパーの音が響いていた。

「いや、日本にいたいです」。ジワンは女を見ながら抵抗の一言を発した。

「今帰れば、また日本に来られますが、残ると五年、一〇年日本には入れなくなります」。書類に目を落としながら説明する。穴開けパンチを手に取ると、ジワンの在留カードを挟み、ぐいっと押した。

「どうぞ、これはお返しします。今日はこれで終わりです。今後の説明はまた、違う日に行います」。女には表情がなかった。高圧的に「帰れ」という訳ではない。同情するわけでもない。ただ、日々の業務だった。この女にはどうでもよいカードかもしれないが、外国人の私には、生活に欠かせない大切なものなのに。「慣れているな、この女。外国人相手に毎日こんなこと言っているのか」。ジワンは瞬間、そう思った。

家族はみな、在留カードに穴をあけられていた。六人全員、在留資格を打ち切られ、この日から不法残留となった。退去強制令書が発付され、五カ月後には仮放免の立場に追い込まれている。来日一〇年。アザード一家の生活環境は激変した。

定時制高校に通うジワンはその日、家族とは一緒に帰宅せず、一人で最寄りの品川駅からJR京浜東北線で浦和駅（さいたま市）まで行った。ローソンで昼食を買い、高校で食べる。降り続いた雨は高校に着くころにはやんでいた。夕方から始まった授業は家庭科。ミシンでエプロンを縫う。手作業に集中すると、気が紛れるのがありがたかった。だが、今後の不安が消えるわけではない。卒業まで後一年だ。進路先に大きな影響を与える在留資格の喪失だった。

その晩、アルズは嘔吐した。毎回、入管当局の呼び出しがある前後に極度の不安から体調を崩すのは常だったが、今回は事情が違った。在留資格を失い、仕事ができなくなった上、国民健康保険から締め出されるのである。何よりいつ強制送還されてもおかしくない状況に陥った。だが、トルコには帰れない。帰れば再び、あの恐怖と向き合わなければならなくなる。

アルズは一九六八年、トルコ南部ガジアンテプに生まれた。羊の貿易商として生計を立てる一方、クルド人の合法政党「人民民主主義党（HADEP）」に参加、政治活動に身を捧げる。ジワンが生まれる少し前だった。一九九七年秋、地元の首長選に友人を擁立した。

「私たちに投票してください」「クルド地域にも図書館を作りましょう」。羊飼いや酪農関係者が多く集まるカフェ。数百人の聴衆、いや有権者を前にアルズは熱弁を振るった。その中に警察官がいた。そのまま拘束されると、警察署の取調室で尋問が始まる。「演説の目的は何だ」「お前は政治に関与する必要のない貿易商だろう」と警察官が脅す。「国民を分断するな」。扇動容疑がかけられているようだった。アルズは抵抗した。「投票の呼びかけが罪に当たるなら、どうにでもしろ」。

約一〇平方メートルの拷問部屋の床にはガラスの破片が敷き詰められていた。裸足にさせられ、その上に立たされる。頭の先にまで響いてくる、ぴんとした痛みが全身に走る。「歩け」。警察官が怒鳴る。「国家を分裂させるのが目的か」「罪を認めるか」。アルズは壁に沿って一周したのを覚えている。その先の記憶はない。ただ、血だらけになった自分の足がそこにあった。拘束は二日間だった。釈放後、しばらくは何もなかったが、二〇〇七年一一月に再び二日間拘束されたことから出国を決意、同一二月にいとこが埼玉県川口市で暮らす日本へやってきた。

翌二〇〇八年六月、妻シーリーンが長男バジャルグ、長女ジワン、二女グル、三女ヤスミン（いずれも仮名）を連れてアルズに合流する。ヤスミンはまだ一歳。一家は全員、難民申請し、特定活動の在留資格を付与された。二〇一〇年以降、難民認定制度の改正で、申請から半年が経過すると就労が可能になり、アルズとシーリーンも川口市内のリサイクル工場に勤務する。

来日時八歳だったジワンと一つ下のグルは小学校へ通った。

「日本で一番驚いたのは菓子パンです」とジワン。「コッペパンにジャムとマーガリンが入っていました。ガジアンテプにはパンの中に何かが入っているというのがなくて……」と笑う。毎日放課後に一時間、日本語の特別授業があり、ジワンとグルは一緒に勉強した。『サザエさん』などのアニメ番組を見ながら、二人でクイズを出し合い、日本語を覚える。半年ほどで日本語に問題はなくなったが、小学校では無視されるなどのいじめも経験、外国人の小学生にはよくある話だ。

しかし、ジワンに衝撃を与えたのは中学校の教師だった。

「あなた、髪の色が薄いから染めなさい」。音楽担当の女性教師が指摘する。ジワンはなぜ、生まれたままの髪の毛を黒色に染めなければならないのか理解ができなかった。「妹さんは黒いでしょう」。教諭は一つ下に入学したグルの髪の色を挙げ、続けた。確かに、グルの髪は生まれつき黒い。けれど、なぜジワンの髪色が明るく、グルの髪が黒いのかを誰も知らない。中学の校則には、髪染めは禁止とある。むしろ気になったのは本来黒髪であるはずの教諭自身、プリンヘアにカラーリングしていることだった。

「私は地毛だし、染める必要はないと思います。先生は染めているのに、いいんですか」。ジワンの問いかけに教師は答えなかった。教師は母親のシーリーンを呼び出した。校則を知らないシーリーンは、教諭が娘の髪を黒く染めるよう求める意図を理解できない。「黒がお好きなら、先生が黒に染めたらどうですか」。教諭はその後、産休に入りジワンと会うことはなかった。

日本語ができるようになると、ジワンには両親の通訳という仕事がついて回る。病院、市役所、入管当局……。日本語が必要な場面で、両親が意思疎通を図るにはジワンの日本語力が不可欠だ。月に一～二回は通訳のため、学校を欠席する。普段は意識しないが、その欠席が悪影響を及ぼしたのが高校選択だ。学業成績はよかったジワンだったが、欠席の多さが原因で内申点は低く、受験できる高校が少ない。結果、ジワンは定時制の県立高校（四年制）に進学、昼間はコンビニでアルバイトし夜間に学校に通った。卒業後の進路について早くから下調べし高校三年になると、オープンキャンパスに積極的に参加する。看護師、介護士、保育士……。専門的な資格を取り、人の役に立つ仕事がしたい。そんな漠然とした将来を描き、学校の説明を聞いて回る。子ども好きの自分の性格を分析し、保育士を目指そうと考えている最中の入管当局による在留資格の剝奪だった。

「仮放免って何？」「うちはそういうビザとか面倒なのは困るからごめんね」。自分には在留資格がないこと、今の状況では就労ができないこと。ジワンは専門学校を回り、受験前に自身の在留状況を説明した。初めは歓迎の意向を示したにもかかわらず、仮放免だとを打ち明けた途端、態度を豹変させた学校もある。一人で都内へ行き、一〇校以上回った。「入管もなんで進路の時期にめんどくさいことしてくれるんだよ。うぜーな。時期を考えろよ」。怒りさえ湧いてくる。専門学校は就職率を宣伝材料として利用するため、働けない非正規滞在者の入学を認めないケースは多い。途方に暮れる中、ようやく埼玉県内の保育系短大が入学を許可し、ジワンは現在、保育士を目指し実習に励む。

「学校に通っている子どもたちのビザ（在留資格）まで打ち切るというのはどういうつもりなのでしょう」と父親のアルズは言う。「正直言えば、いつか切られるかもしれないという恐怖はありましたが、家族全員が非正規滞在になるとは思いませんでした」

アザード一家が在留資格を剝奪された背景には、入管当局による難民認定制度の運用変更がある。難民申請者が急増する中で、入管当局は、外国人が難民認定制度を濫用していると非難、三回以上の申請者に対し、在留資格を付与しないと決定したのである。アザード一家は二〇一二年六月までに一回目の難民申請が認められず同年八月に再申請、二〇一七年四月に再び退けられている。いずれも、アルズの拷問を含めた供述の信憑性が問題となったようだ。しかし、アルズは拷問を受けたと証明する書類を持ち合わせてはいない。同月中に一家は三回目の難民申請をしたが、その間に制度の運用が変わり、在留資格の更新が認められなくなった。

非正規滞在になったことで、アルズもシーリーンもリサイクル工場での仕事を失った。健康保険からも排除され、二女グルが定期的に通っていた皮膚科の診療費が一回当たり約七〇〇円から七〇〇〇円近くに跳ね上がった。アザード一家は二〇一八年一〇月、入管当局による在留資格の剝奪は違法だとして、国を相手に処分の取り消しを求めて東京地裁に提訴した。

原告側は訴訟で、一〇年以上日本で暮らし日本の教育機関に通う子ども、その子どもを養育する両親の在留資格剝奪は自由権規約や子どもの権利条約、日本国憲法に抵触すると訴える。

一方、国側は「難民認定制度の運用変更によるもので、人道配慮を考慮する必要はない」と主張。国側代理人は口頭弁論で「人道配慮については一度在留資格を失わせた上で、在特を付与するかどうかの判断の際に考慮すればよい」と言い放った。

原告側の代理人弁護士、大橋毅は「入管当局は、在留資格がないことがいかに悪質かをいつも語っています。それなのに、在留資格がある人をわざわざ非正規状態にしています」と指摘する。「トルコに帰れないということがわかっていながら、就労が禁止され、健康保険を奪われるほか、収容の危険に直面する仮放免状態に追い込むのは非人道的としか言いようがありません」

保育系の短大に通うジワンの一方、妹のグルは普通科の高校を卒業後、看護専門学校へ通学する。「将来は専門職として働きたい。入管職員を見返したいという思いもあります」と言う。「日本に必要のない存在だと入管に思われたのが一番悔しいんです。看護師になって、困っている患者さんたちをたくさん助けて、両親を旅行に連れて行きたい。そのためにもビザ（在留資格）が必要なんです」

ジワンも、二〇一九年四月に始まった新たな外国人労働者受け入れ制度「特定技能」を意識し、「海外から新しく来る外国人よりも私のほうが役に立ちます」と自信たっぷり。日本語能力試験で最難関のN1も取得済みだ。「将来は、ほかのクラスの子どもたちからも「先生と遊びたーい」って言われる保育園か幼稚園の先生になりたい」と少し照れながらはにかんだ。「結婚はわからないな、相手の顔は平均より上で、身長一七〇センチはほしい。理想が高いのかも」。日本人と変わることのない青春の日々がここにある。

†インドシナ、日本が向き合った初めての難民

「私たちはイエスさまと聖母マリアさまが助けてくれると信じています」。祈りの言葉が昼夜、船内にこだまする。壁に掛けられたキリストの肖像画が精神的な支えだった。木造船の船内は人いきれで蒸し暑く、だが、転覆の恐れから自由には動けない。波の動きに合わせ、船は激しく揺れた。

一九八二年、ベトナム沖の太平洋。共産党による独裁政権から逃れる人々が乗った船が漂っていた。乗り込んだ数十人の大半が体調不良を訴え、身を横たえている。食料は底を突き、空腹と喉の渇きが人々をいらいらさせる。「こんなはずじゃなかった」「もう帰りたい」。時間の経過と共にいさかいも増えた。数隻の大型船がそばを通り掛かる。「助けてくれ」。そう叫んだ

が、救助は来なかった。ただ、大海原をさまよっていた。世界は彼らを「ボートピープル」と呼んだ。

「目指す場所はありませんでした。海の真ん中に出れば、誰かが拾ってどこかの国へ連れて行ってくれるだろう。そんな思いだけでした。エンジンは三日目に壊れたので、自分たちがどこにいるのかもわかりませんでした」

埼玉県川越市のカトリック川越教会で高山ユキ（五八）が重い口を開き、ル・ティ・フイと名乗っていた二〇歳の逃避行を語った。「船にはクリスチャンが多く、朝から晩までお祈りしていました。食料がなくなり、意識不明の人を食べてしまおうかという話まで出ました」

フイたちはベトナム南部ブンタウを出航後、一六日目にイタリアの石油タンカーと遭遇、救助された。真夜中に皓々と光る巨大なタンカー。ロープで一人ひとり吊り上げられ、木造船からタンカーへ移動する。乳幼児を抱えた若い女性の姿もあった。当初、六八人のつもりで出航したが、実際に乗っていたのは九八人。三〇人は紛れて乗船していた。イタリアのタンカーが向かったのは日本だった。日本が最も近い国家だったからなのか、それともタンカーに日本寄港の予定があったのか。今となっては不明だが、いずれにせよタンカーは千葉港に到着した。

北ベトナム軍が一九七五年四月、南ベトナムの首都サイゴン（現ホーチミン）を制圧しベトナムを統一すると、共産党による支配を嫌う人々が陸路、海路で国を離れ始める。海路を選んだボートピープルの数は一九七七年に一万五〇〇〇人だったが、一九七九年には二一万人へと急増、その対応は国際問題に発展した。ボートピープルが日本に初めて到着したのは一九七五年五月一二日で、米国船救助による九人だった。だが、その数は同年に計一二九人、一九七六年に二四七人へと増加する。当初、日本に来たボートピープルは米国やカナダ、オーストラリアへの定住を希望、日本政府は一時滞在許可を与え急場をしのいだが、米国をはじめ国際社会からの圧力で一九七八年四月、国内への定住を閣議了解した。この国が初めて、正式に「難民」受け入れを決定した瞬間だった。

政府は一九七九年七月、一三省庁の局長級幹部でつくるインドシナ難民対策連絡調整会議を設立、アジア福祉教育財団の中に難民事業本部が発足した。その後、日本語教育や就職斡旋を目的に、神奈川県大和市と兵庫県姫路市に定住促進センターを整備する。さらに両定住センターに行く前に健康診断や生活ガイダンスを実施する大村難民一時レセプションセンター(長崎県大村市)を開設、インドシナ難民の受け入れ態勢を整えていった。第三国からの受け入れや家族呼び寄せなどを含めインドシナ難民計一万一三一九人が二〇〇五年の事業終了までに日本で定住許可を取得している。

インドシナ難民受け入れ開始を機に、日本政府は一九八一年、難民条約に加入した。出入国管理令が入管難民法と改正され、難民認定制度を整備、一九八二年から開始した。もっとも、当初は定住の認められたインドシナ難民が条約難民としての地位を求めて申請、認定されるケースが多かったとされている。

千葉港に降り立ったフイはそのままバスで大村市のレセプションセンターに移動した。「夜も移動しましたが、途中、旅館みたいなところに立ち寄ってご飯をいただきました。安心感が出てきてお腹もすいてきたのかもしれません、何を食べたのかは忘れましたが、とてもおいしかったのを覚えています」。一カ月後、福祉団体「カリタスジャパン」のシェルター（新潟県柏崎市）に移り、姫路市の定住促進センターなどを経て、東京で電球を作る工場に就職した。同じようにベトナムからボートピープルとして日本へ逃れた男性と一九八七年に結婚。新居を求めたが、外国人であることを理由にことごとく拒否されたため、一九八八年に日本国籍を取得する。ル・ティ・フイはベトナム系日本人、高山ユキとなった。

サイゴン郊外にある山間部の村で生まれ育ち、ベトナム戦争の最中に少女時代を過ごしたル・ティ・フイこと高山ユキ。家族は南ベトナム軍の兵士に住まいを提供する一方、北ベトナム軍の空爆に曝され、一〇〇メートルほどの近距離に爆弾が投下されこともある。「夜になると闘いが激しくなって眠れませんでした。爆弾の音と銃声が家の中まで響きます。防空壕のような穴を庭に掘っていて、空爆があると、そこへ避難しました。一番怖かったのは移動中に近くに爆弾が落ちて、前を歩いていた人が木っ端みじんに消えてしまったときでした」。高山は五〇年前の恐怖をかみしめる。

戦後、生活は一変した。自宅の屋根に国旗を掲げるよう指示が出され、家の壁には建国の父ホー・チ・ミンの肖像画を飾るよう命令された。夜になると、地域で集会が義務付けられ、役人がホー・チ・ミンの偉大さを語るのを聞かされる。欠席すれば、反省文の提出が課せられた。中でもカトリックのフイにとって、厳しかったのは宗教弾圧だった。キリストの肖像画や十字架を家の壁に掛けるのは禁じられ、教会にも通えなくなった。「自由に祈れないことや南ベトナム軍に従軍した八つ上の兄が拘束される可能性があることから国外脱出を決断しました」。高山は脱出の理由をこう語る。「将来が見えなくなったんです」

兄が用意した木造船に親族五人で乗り込む。残留を決めた母が蜂蜜とレモンを搾って飴を作り、持たせてくれた。密出国が治安部隊に見つかれば、罰せられる。恐怖の中、闇夜に全身黒の上下を身にまとい船まで移動した。「しゃべるな」「咳もするな」。そんな指示におののきながら、フイは兄に付いていく。木造船がブンタウを出航する。一九八二年九月。台風の夜だった。

高山は現在、埼玉県川越市に暮らす。「本当は日本ではなくて、米国やオーストラリアに行きたいと思っていました。でも、受け入れてくれた日本政府、日本人の方たちには感謝しています」。高山は静かに、噛みしめるように言った。「あの太平洋を漂う船の上で死んでいてもおかしくなかったんですから」

東京都新宿区のクリニックでベトナム語の医療通訳を担うほか、全統一労働組合で、賃金未払いやパワハラに苦しむベトナム人技能実習生、留学生からの相談を受ける通訳として奔走する日々を送る。日本政府が受け入れを決めた「難民」が外国人労働者の急増するこの国を支える不可欠な人材となっている。

†難民認定制度の本音と建前

難民認定制度は開始当初の一九八〇年代前半、数十パーセントの認定率を誇ったが、大半を占めたベトナムやラオス、カンボジアからの申請が一段落すると、認定率は急減した。一九九〇年代以降、数パーセントが主流となり、ここ数年は一％未満の認定率が続く。制度自体への批判も根強く、入管当局はこれまでに複数回の制度変更を余儀なくされた。「難民の迅速な保護」という国際社会に向けた建前的なアピールを続ける一方、「実際は受け入れたくない」という本音が定期的に不祥事として顔を覗かせる。

外国人が難民申請すると、東京や大阪など全国八ヵ所の地方入国管理局に配属される難民調査官（入管職員）が一次審査を実施する。申請者本人からの事情聴取に加え、出身国情報と呼ばれる世界各国の政治や治安情勢をまとめた報告書を分析、難民に該当するかどうかを判断する。出身国情報には国連機関や欧米諸国の政府が作成する報告書、NGOやメディアが書く記事が含まれるが、難民調査官全員が外国語に堪能なわけではない上、数年で人事異動もあるため専門性に対する疑問の声も出ている。難民調査官が申請者に難民該当性ありと結論づけた場合、入管庁の幹部らによる書類審査を経て最終的に難民かどうかが決定する。一次審査で難民不認定処分が出ても、申請者は異議申し立て（二〇一六年から審査請求）ができ、難民とは認められないが、人道配慮の必要はあるとして在留特別許可（在特）が付与される場合もある。

難民に認定されれば、旅券に代わる難民旅行証明書、つまり対外的な身分証明書が日本政府から発給される。日本への帰化要件も緩和されるなど単なる在特と比べ、権利面でその後の生活に大きな差が出てくる。

難民条約は第一条で「人種、宗教、国籍もしくは特定の社会集団の構成員であること、または政治的意見を理由に、迫害を受ける恐れがある」人々を難民と定義する。日本政府は条約締約国として、難民の受け入れを義務付けられており、受け入れるかどうかを判断する裁量はない。申請者が難民に該当するかどうかを確認するのみである。出身国による差別も禁止されている。しかし、判断過程や判断理由は十分に公開されておらず、裁量が働き、難民認定に政治的な判断が加味されているとの疑念や批判は絶えない。

法務省法務総合研究所が作成した入管職員の研修教材では、難民認定を巡り「純粋に人道的な立場からのみ対応するのは難しい」と記載されていたことが判明している（一九九八年七月一六日付『東京新聞』朝刊）。難民の条件を備えた外国人でも、友好国の国民の場合はやや慎重にならざるを得ないと記述、難民認定を拒否する可能性を否定できないとしていた。この教材は実際に一九八三年から一九九七年まで使用されており、入管関係者は東京新聞に「中国などの場合は難しい。政治家からの圧力もある」と話したという。実際、ミャンマーやトルコなど日本の友好国出身者で難民認定されるケースは希であり、この教材どおりの運用が実践されているとみられている。

また、難民調査官による一次審査のあり方を巡っても、批判は根強い。関東弁護士会連合会が二〇一四年八月に難民申請を経験した外国人一二七人に聞き取り調査をしたところ、四三人が事情聴取に問題があったと回答。難民調査官に机を叩かれたり、書類を投げつけられたりしたケースがあったという。

難民認定制度は中国で発生した亡命者連行事件を機に二〇〇五年に大きく変わった。中国東北部、遼寧省瀋陽市で二〇〇二年五月、北朝鮮を逃れた脱北者五人が日本の総領事館に保護を求めて駆け込んだ事件である。領事館職員は、中国の武装警官が脱北者を引きずり出し連行する様子を傍観した。難民保護に消極的な日本政府の姿勢が浮き彫りになり、日本国内の難民認定制度の改正が議論の俎上に上がる。

大きな改正点は六〇日ルールの撤廃、有識者らでつくる難民審査参与員制度の導入、難民申請中の外国人に対する強制送還の停止だった。六〇日ルールとは来日後六〇日を経過したら、いかなる理由があっても難民としては認められないという決まりで、廃止により多くの外国人の救済につながった。

また、難民審査参与員制度は二次審査に当たる不服申し出（二〇一六年以降は審査請求）の際、民間の有識者が審査に当たる制度で、手続きの公正性や中立性を図るために導入された。法曹関係者や学者、NGO関係者ら民間の有識者が申請者本人から事情聴取し、難民該当性を審査する。参与員は「難民認定に相当」などの意見書を法相に提出、法相は意見書を参考に申請者の難民該当性を最終判断する。しかし、参与員の任命権は法相にある上、参与員の意見書には法的拘束力はないという点に制度上の問題点が指摘される。

入管当局は当初、参与員の意見を尊重したが、徐々に軽視するようになった。参与員は全部で九人おり、三人一組で審査に当たる。二〇〇五〜一二年には、参与員三人のうち二人以上の多数が「難民相当」と意見したケースは八四人で、全員が難民認定された。しかし、二〇一三〜一六年には参与員の多数が「難民相当」と意見した三一人中、一三人が最終的に難民として認められなかった（二〇一七年六月一一日付『東京新聞』朝刊）という。

必ずしも難民問題の専門家が選任されているわけではなく、一部の参与員に対しては、有識者としての質を問題視する声も多い。二〇一七年三月には、コンゴ民主共和国出身で、反政府デモに参加して与党に拘束された際、強姦されたとして難民申請した女性に対し、参与員が「なぜあなたを狙ったの？　美人だったから？」と暴言を吐いていたことが判明。「（あなたは）難民としては元気すぎる。本当の難民はもっと力がない」と発言した参与員の存在も確認されている。難民問題に詳しい弁護士の鈴木雅子は「現状では、難民問題に詳しくない参与員も多く、専門性を養わなければなりません。（年間一万人近い）不服申し立ての人数を考えれば、非常勤で対応するのではなくて、常勤の参与員が審理する必要があるし、難民認定の最終的な決定権も法相ではなくて、参与員に持たせなければなりません」と抜本的な改革を訴えている。

二〇〇五年の法改正で最大の変化とも言えるのは難民申請中の外国人に対する強制送還の停止措置だった。これまで、難民申請者が在留資格を持っていない場合、難民申請中であっても強制送還されるケースがあったが、法律で禁止したのである。難民条約は、難民を迫害の恐れのある地域に送還することを禁じており、ノンルフルマン原則と呼ばれる。日本政府もこのときになって初めて、自国の難民認定制度を国際水準に合わせた格好となった。

さらに入管当局は二〇一〇年以降、在留資格を有したまま難民申請をした外国人に対し、申請から半年を過ぎると就労を認める運用を開始した。米国も申請から半年後に就労許可を出しているほか、欧州連合（EU）も申請から九ヵ月後に労働の権利を認める指令を出すなど難民申請者に働く権利を認める国は多い。難民申請者の生活の安定を図る合理的な対応だ。

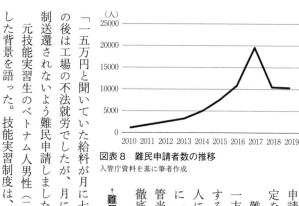

難民申請者の生活や法的立場が徐々に安定していったが、一方で送還停止措置の導入や就労の解禁で難民申請者が急増する。二〇一〇年の一二〇二人から二〇一五年には七五八六人に、二〇一七年には一万九六二九人へとわずか七年間の間に一六倍に跳ね上がった（図表8）。二〇一〇年代後半、入管当局は難民申請者の急増対策を最重要課題の一つとして、徹底的に排除する方向に舵を切る。

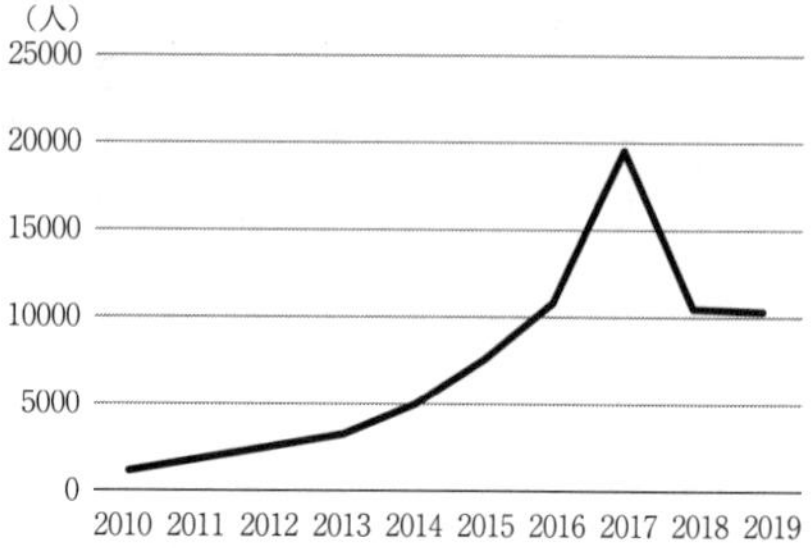

図表8　難民申請者数の推移
入管庁資料を基に筆者作成

難民申請者急増の背景

「一五万円と聞いていた給料が月に七〜八万円しかなかったので、実習先から逃げました。その後は工場の不法就労でしたが、月に約二二万円稼げたんです。入管当局に捕まったため、強制送還されないよう難民申請しました」

元技能実習生のベトナム人男性（二七）が二〇一八年二月、東京入管の収容施設で難民申請した背景を語った。技能実習制度は、主に中小企業や農家で外国人を受け入れ、習得した技術や知識を母国の発展に生かしてもらうという建前で運営され、事実上、単純労働、あるいは非熟練労働の担い手を確保する制度である。転職の自由が認められていない上、雇用主のパワハラや賃金未払いが横行、現代の「奴隷制度」とも非難されている。

母国の送り出し機関、日本での監理団体という二つの中間組織が存在、高額な手数料を徴収するため多くの技能実習生は多額の借金をしたまま来日する。この男性も一三〇万円の借金を抱え来日、返済の見込みが立たなくなったため実習開始から約一年半で職場から逃げ出した。いわゆる失踪実習生だ。まだ五〇万円の借金が残っており、ベトナムに帰れば身の危険が生じるという。留学生にも同様の事態が生じており、劣悪な労働環境から逃れ、失踪する実習生や留学生の難民申請が後を絶たない。

この男性とは違い、在留資格が切れる前に難民申請をする実習生や留学生も多い。強制送還を免れるだけでなく、申請から半年たてば合法的に就労が可能となるためである(現在は不可)。入管庁によれば、技能実習生として日本に滞在、その後難民申請した外国人は二〇一四年の四一四人から二〇一九年の三〇三七人に急増。同時期に留学生の在留資格から難民申請した外国人は六九六人から二〇三六人となった。入管当局はこうした技能実習生や留学生を「難民認定制度を誤用、濫用的に悪用している」と非難するが、彼らがなぜ難民申請にまで追い込まれたのかという分析を発表したことはない。入管当局、あるいは厚生労働省、政府全体が「奴隷制度」とまで非難される技能実習制度を温存、被害者の救済もない中で、苦しむ実習生が難民認定制度という救済手段に逃げ込むのは必然だった。

留学生も同様である。政府が掲げた「留学生三〇万人計画」を達成するため、入管当局は二〇一〇年七月、日本語学校生を対象としていた「就学」の在留資格を廃止し「留学」に一本化、日本語学校を乱立させた上で、外国人を大量に受け入れた。出稼ぎ目的の留学生も多く、人手不足に悩む日本側の事情とも需給が合致、人材派遣会社が日本語学校を設立しアルバイト目的の外国人留学生を受け入れるケースも目立った。留学生のアルバイトは週二八時間と定められているが、この時間で借金を返済しながら、学費を納入し生活するのは容易ではなく、多くの留学生が複数のアルバイトを掛け持ち二八時間以上働いている。入管当局は事情を把握しながら、計画達成のために黙認する。

ところが、二〇一七年に留学生数が三〇万人を超えたのを機に、手のひらを返したように在留資格の審査を厳格化した。二八時間以上のアルバイトが判明したなどとして、在留資格が取り消された留学生数は二〇一四年の四一人から二〇一七年には一七二人に、二〇一八年には四一二人に急増している。失踪留学生も相次いでいる。

「難民申請者の急増は日本の外国人政策の矛盾が露呈した結果です」。外国人労働者問題に詳しい神戸大学准教授の斉藤善久は入管当局の対応を非難する。人権侵害が横行する状況を把握しながら、産業界の要請に応じて技能実習生を受け入れる。アルバイト目的だと把握しながら、三〇万人計画達成のために留学生を受け入れる。受け入れた後の外国人のケアはせず、実習生や留学生を追い込む監理団体や実習先企業、日本語学校を野放しにしてきたのは入管当局である。

さらに、留学生三〇万人計画が達成され、新たな外国人労働者の受け入れとして「特定技能」が開始（二〇一九年）されると、排除の方向に動き出す。「難民申請者が急増した原因を全て外国人のせいにしていますが、原因を作ったのは入管当局です」と斉藤は言う。「自分たちの方針転換が外国人にどういう影響を与えるのか全く考えていません。入管当局は自分でルールを決めて運用し処分までしていますが、外国人政策ではどうして三権分立がないのでしょう」

入管当局による難民申請の抑制策は二〇一五年に本格化した。初めにターゲットになったのは複数回の難民申請者だった。入管当局は同年九月、「難民認定制度の運用の見直し」を発表、「正当な理由なく前回と同様の主張を三回以上繰り返す申請者」の正規在留を取り消す方針に転換した。この運用変更で在留資格を剥奪されたのがトルコ出身のクルド人アザード一家だった。

さらに二〇一八年一月からは「難民認定制度のさらなる運用の見直し」と称し、申請から半年後に一律に就労を認めていた運用を廃止した。また、正規在留を取り消す対象を「三回以上繰り返す申請者」から「二回以上繰り返す申請者」に厳格化、一部の申請者には就労を許可するものの、元技能実習生や留学生には就労を認めないことになった。難民申請者を二カ月以内に、①難民の可能性が高い、②明らかに難民に該当しない、③再申請の繰り返し―などに分類し、②や③の該当者には在留期限終了後に強制退去手続きを開始した。入管当局が言うところの「難民申請の誤用、濫用者対策」である。

確かに、元実習生や元留学生は難民条約上の難民に当たらないケースが大半であり、複数回申請を繰り返すことで強制送還を免れている外国人もいる。しかし、一方では難民認定が国際水準と比べ厳しすぎるため、本来保護されるべき難民が救われないまま苦痛を強いられる現実がある。拷問から逃げてきたにもかかわらず、難民認定されないトルコ出身のクルド人と元実習生ら――もちろん、彼らも劣悪な環境で働かされた被害者なのだが――を一様に「濫用者」扱いする入管当局の姿勢には疑問も湧いてくる。

元実習生らの例を見ればわかるように、根本には「移民政策を採らない」「単純労働者を受け入れない」と掲げながら、「技能実習」や「留学」という歪んだ制度で外国人の労働力を確保する政府全体の問題がある。日本政府の本音と建前の乖離が難民申請者の急増であり、申請者急増に対する締め付けの被害者が本来は救われるべき迫害を逃れてきた難民申請者と言える。

難民問題に詳しい弁護士の浦城知子は「複数回申請というだけで入管当局が非難するのは間違っています」と断言する。東京地裁は二〇一九年九月、イラン出身で、イスラム教からキリスト教に改宗した男性を国に難民認定するよう命じる判決を言い渡した。男性は二回目の難民申請が不認定になった後、やむなく三回目の難民申請を行ったが、二回目の不認定処分に対する訴訟でようやく難民該当性を認められたという。浦城はこの男性の代理人を務めており、「改宗者がイランでどういう扱いを受けるのかは一回目と二回目の間に変わっています。入管当局は「キリスト教への改宗」という同じ理由で申請を繰り返している濫用者だと言いますが、それだけでは判断ができないんです」と話す。実際、入管庁によれば、二〇一〇〜一四年に難民認定を受けた九五人のうち一二人は複数回申請の外国人だ。

二〇一八年の難民申請者数は一万四九三人だった。入管庁の担当者は「制度を厳格化した結果だ」とその申請者数の減少に胸を張るが、この年に認定したのはわずか四二人。入管庁は二〇一五年以降、「真の難民を迅速かつ確実に庇護する」をうたい文句にしている。その姿は果たして現実と重なっているのだろうか。日本で開かれたシリア難民を巡る裁判を見ると、この国が難民とどう向き合っているのかがよく見えてくる。

†日本で唯一開かれたシリア難民裁判

中東民主化運動「アラブの春」に端を発するシリア内戦は日本でも広く報じられ、シリア人がどのような苦境に追い込まれ国内外へ避難したかも伝えられた。二〇一八年一〇月二五日、そんなシリアから日本に逃れた男性が日本政府に難民認定を求めた訴訟の控訴審判決が言い渡された。東京高裁は男性の控訴を棄却した。政府は「迫害の恐れ」の明確な証拠はないとして、男性を難民認定せず、一審も国の判断を支持、二審も追随した形となった。この訴訟は日本で唯一開かれたシリア難民を巡る裁判で、日本政府が難民とどのように向き合っているのかを改めて示した。

入管庁によると、二〇一八年六月までにシリア人八一人の難民申請を処理し、認定は一五人。取り下げが六人おり、認定率は二〇%となっている。日本政府もシリア人の場合、大半の不認定者に対して人道的配慮から在留特別許可(在特)を出し、日本での生活を認めている。シリアに強制送還したケースはない。

内戦の激化に伴い、国連難民高等弁務官事務所(UNHCR)は国外に逃れたシリア人を保護するよう各国に求める声明を重ねて発表した。UNHCRによると、「欧州難民危機」が始まった二〇一五年、ドイツ政府はシリア出身の難民申請のうち決定の出た一〇万一四四二人の九九・七％に当たる一〇万一一三七人を難民認定した。英政府は決定を出した処理人数の八六・七％に当たる二〇四五人を難民として認めており、日本政府との差は歴然としている。今回、高裁で難民としての地位を否定されたのはシリア北東部ハサカ県出身で、二〇一二年に来日したユセフ・ジュディ（三四）。難民申請したが不認定となり、二〇一五年三月に、国に難民認定するよう求め東京地裁に提訴した。

ジュディによると、シリア北東部カミシュリで二〇一一年春、アサド政権側の治安部隊が約一〇〇人のデモ隊に発砲するのを目撃、以後、反政府運動に参加した。アサド大統領の退陣を求めるデモ隊の前に車両四台で現れた治安部隊は見ていただけの市民にも無差別に発砲した。悲鳴を上げ、逃げ惑う市民。「両親が撃たれ、遺体にしがみつく女の子の泣き声が忘れられない」と振り返る。

ジュディは集会やデモへの呼び掛け、参加者を輸送するバスの手配に尽力した。地元の有力部族の家系だったこともあり、反政府運動の資金も出した。しかし、留守中に治安部隊が自宅に現れ、母親を殴った上、居場所を明らかにするよう迫ったと聞き、出国を決意する。「自分への逮捕状が出たと思い、捕まれば殺されると考えた」とジュディは言う。命の危険が迫っていると感じ、そのまま自宅に戻ることなく二〇一二年八月、ブローカーに一万五〇〇〇ドルを支払い首都ダマスカスからシリアを後にした。

「アラブの春」以前から英国に暮らす弟（三〇）の元を目指したが、ブローカーにだまされ最終的に到着したのは成田空港だった。空港の入管施設に収容され、資金も尽きたため英国を諦め日本での難民申請に踏み切った。同年一〇月、一時庇護上陸の許可を得ている。

東京地裁の訴訟で、国側は「（ジュディが参加したデモは）シリア政府がことさら注目するようなものであったとは言いがたい。あえて指導的な立場にもないような参加者を個別に特定した上で、迫害の対象とするまでの必要性があったとは認めがたい」「治安部隊がジュディの自宅を訪れたとの主張を裏付ける客観的な証拠はない」として、ジュディの難民該当性を否定する主張に終始した。「ジュディは正規のパスポートで出国しており、シリア政府はジュディを反政府活動家として注視していない」とも付け加えている。

東京地裁（林俊之裁判長）は二〇一八年三月、ジュディの請求を棄却した。判決は「治安部隊が自宅を訪れ、ジュディの母を殴り、居場所を聞いたとの供述を裏付ける証拠はない」と指摘。「ジュディが参加したデモの規模は数百人から一〇〇〇人程度で、特にシリア政府から取り締まりを受けたという証拠はない」とも強調し「ジュディが迫害の恐怖を抱くような客観的事情を認めることはできない」と判断した。シリアで共に活動したジュディの兄弟二人は二〇一三年にシリアから渡英、英政府により難民認定されており、対照的な判決となった。東京高裁（村田渉裁判長）は判決理由で、「反政府デモないし抗議活動に参加したことのみを理由に難

	難民認定に関する決定数（人）	難民認定数（人）	難民認定率
カナダ	29909	16875	56.42%
米国	99394	35198	35.41%
英国	37062	12027	32.45%
ドイツ	245677	56583	23.03%
フランス	151030	29035	19.22%
イタリア	95202	6488	6.81%
日本	**16596**	**42**	**0.25%**

図表9　先進7カ国（G7）の難民認定率（2018年）
UNHCRのデータを基に筆者作成

民に該当すると認めるべき状況にあるとは言えない」と改めて指摘した。

ジュディは判決後の記者会見で「日本の裁判が正義に基づいて裁かれるわけではないとわかりました。日本には、難民を受け入れるという法律は存在しませんでした」と無念の表情で語り、「これ以上、裁判を続けても意味はありません」と上告断念を明らかにした。

原告側弁護団の一人、難波満は「欧米諸国に比べ、日本政府は本国政府から特に目を付けられている人しか難民認定せず、証拠を求めすぎます」と批判。「国際的に見ても、この判断が判決として確定するのは将来の難民認定に大きな禍根を残してしまいます」と悔しさをにじませた。

シリア人に限らず、日本の難民認定率はG7諸国と比べ著しく低い（図表9）。UNHCRの二〇一八年データによれば、最多は二万九九〇九人の申請を処理し一万六八七五人を受け入れたカナダ（認定率五六・四％）で、米国（三五・四％）、英国（三二・五％）、ドイツ（二三・〇％）、フランス（一九・二％）、イタリア（六・八％）が続く。日本は一万六五九六人を処理し、認定数は四二人。カナダとは二二六倍という歴然とした差がある。人口一〇万人当たりの認定数を見てみると、G7筆頭はドイツの六八人で、カナダ四六人、フランス四五人、英国一八人、米国とイタリアがそれぞれ一一人と続き、日本はわずか〇・〇三人でひときわ目立つ。

入管庁は「わが国は欧州諸国と違い、シリアやイラク、アフガニスタンのような大量難民を生じさせる出身国からの申請が少ない。フィリピンやベトナムなどからの就労目的の誤用、濫用的な申請が相当数見受けられ、条約で規定する定義に申請者が該当するかどうかを適切に判断しているため、極めて少ないとは認識していない」と説明する。確かに、前述したように、日本の歪んだ外国人政策により、行き場を失った外国人労働者が最後の救済手段として難民申請をしており、こうした外国人が「真の難民」かどうか問われれば、肯定はできない。ただ、シリア難民裁判を見る限り、入管庁の説明を文言どおりに受け取るのも難しい。

入管庁がネパールの次に難民申請者数が多いとして挙げるスリランカ（二〇一八年）。UNHCRのデータによれば、日本は同年、一二六一人の申請に決定を出し、全員不認定としているが、米国は二九〇人中九〇人を難民認定（認定率三一％）。英国（二七・八％）やフランス（一

	難民認定に関する決定数(人)	難民認定数(人)	難民認定率
カナダ	1661	1485	89.40%
米国	674	502	74.50%
英国	934	472	50.50%
ドイツ	9093	3786	41.60%
イタリア	276	85	30.80%
フランス	2549	665	26.10%
日本	**1010**	**0**	**0%**

図表10　トルコ出身難民申請者の難民認定率(2018年)
UNHCRのデータを基に筆者作成

五・六%)も二桁の認定率だ。本書で多くの事例を取り上げたトルコ出身のクルド人について、世界的な情勢を見ると、衝撃を覚える。日本はこれまでトルコ出身者を一人も難民認定していないが、UNHCRの二〇一八年データによると、一六六一人の申請を処理して一四八五人(認定率八九・四%)を認定したカナダを筆頭に、米国(七四・五%)、英国(五〇・五%)、ドイツ(四一・六%)、イタリア(三〇・八%)、フランス(二六・一%)と続く。日本は一〇一〇人を処理し、認定者はゼロ(図表10)。入管庁は「現在のトルコにおいて、クルド人という理由だけで迫害の恐れは生じていない」との説明に終始するが、G7各国との歴然とした開きを説明する合理的な理由にはなっていない。

ジュディの訴訟を詳しく検討すると、ほかの難民訴訟にも特徴的に現れる日本の難民認定の審査基準が浮かぶ。それはまた、日本政府(入管当局)や裁判官が考える難民像と国際社会のそれとの大きな隔たりをも示している。

難民は、当局にとりわけ目を付けられていなければならないとする「個別把握論」。組織のリーダー以外は難民ではないとする「平メンバー／リーダー論」。正規に出国していれば、難民該当性はないとする「パスポート論」。入管当局、あるいは裁判官はこうした論点を挙げて、ジュディの難民該当性を否定した。ジュディが参加したデモはアサド政権が注目するような大規模なものではなく、ジュディは指導的立場にもない。さらに正規のパスポートで合法的に出国している。だから難民ではないとする論理である。

だが、難民問題に詳しい弁護士の鈴木雅子は「欧米諸国で、こうした説を見ることはほとんどない。出身国情報に照らして、ある特定の集団に属していることが確認できれば、難民認定するという場合も少なくありません」と個別把握論や平メンバー／リーダー論の正当性に疑義を投げ掛ける。パスポート論を巡っても、UNHCRの難民認定基準ハンドブックは「真正なパスポートの所持自体は難民の地位に対する障害とならない」と明記し、パスポート論を否定する。日本の入管当局がいかに難民像を矮小化しているかがわかる。さらに、UNHCRのハンドブックは「難民が主張の裏付けに努力しても、証拠の欠如はあり、すべてを立証できることはまれ。申請者が供述する事実は存在するものとして扱われるべきだ」と強調。「疑わしきは申請者の利益に」とまで指摘している。

日本の裁判所は「ジュディの供述を裏付ける証拠はない」と強調したが、供述の扱いを巡っても、日本と国際社会との間にある認識のずれは大きい。各国の難民認定率を比較すると、日本だけ桁違いに低いが、相応の理由が存在するのだ。

「難民申請者は迫害を受けた過去の経験から、当局の人間に対し恐怖心を抱いているため、意思疎通をうまく図れないケースもあります。入管当局はそうした怖れをわかっていません」。そう指弾するのはジュディ弁護団の一人でもある渡邊彰悟だ。「偽造パスポートで入ってきたのに、自分はそのまま偽造パスポートの人物であると言ってしまった外国人がいました。入管当局は外国人を強制送還する権限を持っている組織だからです。日本の難民認定制度は、申請者の行動をゆがめるように設計されています」。渡邊は入管当局から独立した難民認定機関の設立が不可欠だと訴えている。

渡邊が代表を務める全国難民弁護団連絡会議によると、全国で一九九七〜二〇一八年に難民認定を求める訴訟は九二六件提起され、地裁で勝訴したのは六九件、高裁勝訴は三一件。多くはジュディのケースのように、裁判所が国の主張を追認する形で訴えを退けている。同じくジュディ弁護団の一人、髙橋済は「本質的には、日本政府や裁判所に自由や民主主義を希求する人々を保護するという思想や哲学がないんだと思います」と指摘する。

入管当局に難民として認められなくても、本人としては恐怖を抱えているため、出国に応じることはできない。入管当局はそうした外国人も「送還忌避者」と批判し、入管施設への長期収容で出国の圧力をかけるが、問題解決にはつながらない。まず見直すべきは難民認定制度の運用の見直しであり、文字どおり「真の難民の迅速な保護」をするべく、難民認定の審査基準を国際水準に近づけることである。

ジュディは現在、定住者の資格で妻（三二）や子ども三人とさいたま市で暮らす。長女（七）、長男（五）は妻と共にイラクに避難したが、二〇一五年に来日、二女は二〇一七年五月に日本で生まれた。だが、ジュディは「迫害の恐れがある」としてシリアを離れたため、在京シリア大使館に二女の出生届を出していない。二女は事実上、無国籍状態という。

さいたま市でカフェを営むジュディ。パスポートを所持しておらず、当面は日本で生活する。「命に危険が迫って国を出るとき、母が治安部隊に殴られた証拠をどうやって集めて持ち出せばよかったのでしょうか」。日本の裁判所の判決には、無念さが残っている。

第五章

国家権力と外国人

トルコの海岸からボートで地中海を渡り、ギリシャに到着した難民たち。2015年の欧州難民危機では100万人以上の移民・難民が欧州に流入した=2015年10月（写真：ロイター／アフロ）

国連難民高等弁務官事務所（UNHCR）によれば、紛争や迫害で故郷を追われた難民や難民申請者、国内避難民は世界全体で七九五〇万人（二〇一九年末）に上り、過去最高を記録した。また国際移住機関（IOM）の推計では、経済移民を中心に、二億七二〇〇万人が自ら生まれた国家を離れ、移民として外国で生活する（「世界移民報告2020」）。世界規模で広がる経済格差が背景にあり、発展途上国から先進国へという人々の流れが加速している。

クレディ・スイスの「グローバル・ウェルス・リポート2019」によると、上位一％の富裕層が所有する資産は世界全体の四五％。上位一〇％が世界全体の資産の八二％を占める一方、下位半数の資産は世界全体の一％に満たない。経済構造が生み出す富の偏在が人口移動を拡大させている。

一方、先進諸国では発展途上国からの移民・難民は多くの場合、危険な存在として認識され、政治利用される。極右政党が国民の不満のはけ口として移民・難民を悪用、「治安を脅かす」「仕事を奪う」「福祉に群がる」といった根拠の不十分な言説で扇動、ポピュリズムが台頭する。

こうした中、先進諸国の政府は国境管理を強化し、発展途上国からの人々の流入を抑制、国境警備は時に暴力的となる。移民・難民は通常の移動ルートから締め出され、危険な非合法手段を選ばざるを得なくなる。地中海を渡る移民・難民の犠牲はその最たる例であり、IOMによれば、移動中に命を落とした人々は二〇一四年以降四〇〇〇〇人以上に上る。GAFAをはじめとする巨大ＩＴ企業が大きな力を持ち、国家が経済的な影響力を低下させるグローバル時代にあって、国境は、国家が自らの存在を誇示し、その影響力に固執する装置にさえ映る。逆説的に、グローバリゼーションが国境を顕在化させている。

国境はまた、国家の領域内でも外国人の管理という形で現れ、暴力性を帯びる。国家は管理に服さない非正規滞在者を入管施設へ送り、国外へ追放する権限を有し、「主権」という言葉で正当化する。強制退去を巡っては、国際的なルールが徐々に出来上がり、迫害の恐れのある地域への送還や家族分離などを禁止する仕組みが整えられてきている。日本や欧米諸国でも、国際条約を順守しないケースは多々あるが、少なくともこうしたルールが作られた思想の根底には、人が生まれながらにして持つ基本的人権を尊重するという考えがある。各国がどこまで移民・難民の人権を尊重できるかが今後の課題となる。

この章では、欧州を中心に各国の入管制度のあり方や非正規滞在者の処遇を検討するほか、日本の外国人管理の歴史を振り返る。その上で、入管施設での無期限の長期収容を巡り、出入国在留管理庁（入管庁）が二〇一九年に設置した有識者による専門部会の議論を分析する。

1 世界の入管制度と厳格化する国境管理

†英国の入管施設、強調される収容者の「尊厳」

パソコンが並べられ、収容者が自由にインターネットや電子メールを利用している。携帯電話も所持し、外部との連絡も可能だ。無料の英会話教室や美術教室に加え、ジムや音楽スタジオも設置され、多数のトレーニングマシンやギター、ドラムが置かれていた。面会室にはあるのはラウンドテーブルで、収容者と外部の訪問者とが抱き合う。「正門から出る以外はできるだけ自由を保障する」。そんな理念を実現しようと努力する英国の入管施設の現場だった。

日本で入管問題に長く取り組む弁護士の児玉晃一らは二〇一二年と二〇一四年、英国の入管施設を訪問、日本との違いを目の当たりにし、衝撃を受けた。

「収容者に尊厳をもって接しようとする英当局の姿勢を感じました。「自由を認め、意義ある活動をすれば、収容者は自殺や逃亡を考えない」という所長の言葉が印象に残っています」

児玉らが公表した『英国視察報告書』（日弁連法務研究財団、二〇一三年）によると、二〇一二年一一月に訪問したのは首都ロンドン郊外、ヒースロー空港近くのハモンズワース入管収容センター（Harmondsworth Immigration Removal Centre）。英国国境庁（ＵＫＢＡ）の委託を受け、民間の警備会社が運営している。訪問したブロックは「刑務所スタイル」で、午後一〇時から午前七時までは居室を施錠する。日中は自由に移動でき、共用スペースにあるビリヤードや卓球台を利用できるほか、英会話教室やジムなど多くの活動に参加できる。日本で常に問題となる施設内での医療を巡っては、六床の病室が二部屋あり、看護師が二四時間常駐、警備会社が医師を派遣する組織と契約を結んでいるため、医師が土日を含めて毎日診療する体制を敷いている。外部診療の費用は国民皆保険制度（ＮＨＳ）でカバーされる。日中には、時給一〜一・七五ポンドと低額なものの、清掃など有償の仕事もある。一方、日本と同様、トラブルを起こす収容者を隔離する仕組みも存在する。

報告書は「面会時に収容者と訪問者が（日本の入管施設とは違い）アクリル板なしに長時間にわたり面会できるほか、携帯電話とインターネットで外部と連絡を取り合えるのが極めて印象的だった」と指摘し、「収容者の社会からの隔絶感と孤独感を和らげ、精神的安定と施設の平穏に多いに役立っている」と強調している。

「職員の一人ひとりに名札が付けられているのに驚きました」。そう話すのは二〇一四年三月に児玉らと共に、ロンドン郊外ガトウィック空港そばのブルックハウス入管収容センター（Brook House Immigration Removal Centre）とティンスリーハウス入管収容センター（Tinsley

House Immigration Removal Centre）を訪問した弁護士の浦城知子だ。「収容者が職員を名前で呼ぶわけです。日本では、職員は名札ではなくて番号札を付けていますから、非常に印象的でした。尊厳の問題です。英国では、お互いに対等の立場で理解し合い、一対一の、人と人との対話をするという姿勢を感じました。本来は、収容者を処遇する際、職員一人ひとりに責任が生じるのに、日本では名前をなくすことで組織の一部という形になり、責任を負う立場だと自覚しなくなります」

児玉も浦城も共通して指摘したのが「尊厳」というキーワードだった。浦城は言う。「日英の違いは、職員が収容者と対等の関係を築こうとしているかどうかです。日本ははっきり言えば、尊厳を奪うために収容していて、屈辱を与え圧力をかけることで日本から追い出そうとしているのだから英国と対極にあります」

児玉によれば、ハモンズワースの所長は日本の弁護士らに「多くの収容者は尊厳をもって処遇すれば、尊厳をもって返してくれる。収容者が英社会に出るのか、送還先に帰るのかはわからないが、どの社会でも役に立つ人材になってほしい」と語った。バーベルやベンチプレスの置かれたジムを見学した際、「危険はないのか」との質問に「誰かがあなたを傷つけようと思えば、鉛筆でもあなたを傷つける。傷つけようと思わなければ、拳銃がそこにあっても危険はない。信頼関係の問題だ」と答えたという。所長の言葉が児玉の脳裏に焼き付いている。

各入管施設が収容者の処遇水準を上げようと努力する背景には、第三者機関の存在がある。王室直属の刑事施設視察委員会（HMIP）で、刑務所や留置場に加え、入管施設も定期的に視察する。入管施設を設置する英国国境庁からは独立した組織である。第三者機関と称しながら、入管施設を管理する入管庁に事務局を置き、委員が法相に任命される日本の入国者収容所等視察委員会とは形式だけ見ても、全く性格を異にすることがわかる。英国にはこのほか、刑務所や入管施設で死亡事件が発生した場合に原因究明に当たる刑務所・保護観察オンブズマン（PPO）と呼ばれる組織もあり、チェック機能が充実している。

HMIPは約一〇〇人の常勤、非常勤のスタッフを抱えている。少年司法や薬物、社会学の専門家で、氏名は全員公開される。委員会のサイトで、首席視察官のピーター・クラーク（二〇二〇年五月時点）の年収（一三万五〇〇〇ポンド〔約一八〇〇万円〕）まで明らかにする。各入管施設に四年に一回総合視察を実施し改善点を勧告。さらに勧告が生かされているかどうかを確認するため、フォローアップ視察もする。入管施設への事前通告なしに視察する権限もあり、時には強制送還のチャーター便にも同乗、適切に実施されているかどうかを確認している。

収容施設内部の処遇以外でも、英国の制度は日本の弁護士らに感銘を与えた。中でも、収容所から一時的に拘束を解く保釈制度は「身体の自由」の意味を深く考えさせる仕組みだった。保釈を求める収容者は移民難民審判所（裁判所）に公開の審理を請求でき、審理は三〜六日以内に開かれる。審判官（裁判官）が収容の適否を判断、保釈が認められない場合は、経済力の問題や保証人の信用性など具体的な理由を示すという。日本の仮放免制度の場合、不許可となっても「総合的な判断の結果」としか伝えておらず、対照的な対応である。

一方、英国の入管施設にも課題は多い。HMIPの年報（二〇一八―二〇一九年）によれば、二〇一九年三月時点で全国の入管施設の収容者数は一四八一人。多くの場合、二カ月以内に解放されているが、「一年五カ月間も拘束されている収容者もいる」として、HMIPは問題視した。日本と同様、収容期限に法的な定めがないため無期限収容となっており、子どもの収容が認められている点と合わせ、人権団体や弁護士らは批判を続ける。議会合同人権委員会は二〇一九年二月、無期限収容を廃止し、上限を二八日にするべきだと勧告を出した。

施設内でのインターネット利用に関しても、スカイプは認められるが、フェイスブックやツイッターは許可されておらず、非合理的だとの批判があるほか、アルバイトに対して賃金が低すぎ、労働搾取だとの声も上がる。

収容者が死亡する事件も発生している。二〇一二年一〇月にハモンズワース入管収容センターでガーナ人男性、プリンス・フォス（三一）が死亡。PPOが二〇二〇年三月に公表した調査報告書によると、フォスは二〇一二年四月に英国へ来たが、入国を拒否され同一〇月の警察による逮捕を経てハモンズワースへ移送された。その六日後に脱水症状や低体温が原因で息を引き取っている。精神疾患を患っており、入管施設はフォスをほかの収容者から隔離したが、医師を含めスタッフが十分にケアしなかったという。関係した三人の医師を巡り、医師免許を認定する医事委員会（GMC）による調査の実施を求め、PPOは内務省に勧告した。PPOのスー・マカリスターは「非人道的で、品位を傷つける扱いであり、入管施設の幹部には、放置と形容できるような文化を醸成した責任がある」と断じている。

†収容に期限定める欧米諸国

ほかの諸外国の制度を見ると、日本の状況をさらに相対化できる。収容期限を巡っては、米国は移民国籍法で原則九〇日以内と規定する。この間に送還できなければ延長は可能で、その場合、収容期間の上限に法的な定めはなくなるが、連邦最高裁は二〇〇一年、収容は国外退去を担保するための合理的で必要な期間のみ認められ、六カ月が適当だと判示した。欧州連合（EU）は二〇〇八年の指令で、収容期間が原則六カ月間を超えないよう加盟各国に求めている。送還先の国や地域の協力が得られないなど送還できない場合であっても、収容期限は最長一年半と定めた。二〇一七年五月に公表されたジャック・ドロール研究所（ドイツ・ベルリン）の調査報告書やNGO「グローバル・ディテンション・プロジェクト」（スイス・ジュネーブ）によると、各国の入管施設における拘束期限はスペインが六〇日、ドイツやイタリアが六カ月、ベルギーが八カ月などとなっている。

四五日間だったフランスは二〇一八年八月に難民移民法を改正、収容期間を原則九〇日までに延長した。外国人支援のNGO「フランス・テール・ダジール」は、収容から国外退去までにかかる日数は平均で一二・九日だと指摘、「収容を長期化しても、送還数は増えない」として期限の延長を非難する声明を発表している。県知事が強制退去の対象となった外国人の収容を決定するが、不服の場合は四八時間以内に勾留決定裁判官（JLD）への訴えが可能なのもフランスの制度の特徴だ。司法審査として、JLDが収容の適否を判断している。JLDの審査で収容が適切だと判断されても、その後も収容開始から三〇日後、さらにその三〇日後に司法審査が実施され、最大九〇日まで収容は可能だが、それまでに計四回、収容の適否を調べる司法審査がある。

また韓国では、入管収容に期限の定めは法律上存在しないが、収容期間が三カ月を超えるときは三カ月ごとに法相の承認が必要となっている。無期限収容を巡っては、憲法裁判所が二〇一八年、裁判官九人のうち五人が違憲と判断。裁判所としての判断には六人の賛成が必要なため、法改正には至らなかったが、見直しの機運が高まっている。台湾でも二〇一三年に無期限収容を違憲とする判決があり、二〇一六年以降、期限を最長一〇〇日としている。日本のように、行政庁が司法審査なしに、無期限に非正規滞在者を収容するシステムを維持し、実態としても長期収容を続ける国家は、少なくとも先進諸国では少数派と言える。

また近年、入管収容以外のあり方を模索する動きも出ている。収容代替措置（ATD）と呼ばれ、UNHCRによれば、ベルギーでは在留資格のない家族に対し、オープンファミリーユニットと呼ばれる政府が運営する住居を提供する。午後九時から午前九時まではこの住居に滞在する必要はあるが、それ以外の行動は自由で、子どもは学校に登録されるほか、入管当局が毎日来訪し支援、医師や弁護士を手配し、行政手続きを案内する。食料購入のためのクーポンなども渡すという。

国連の国際法委員会は二〇一四年、外国人の追放に関する草案で、収容のあり方を決めている。恣意的で刑罰的でないことや特別な事情がある場合のみ収容すること、合理性と必要性がある期間に限定すること、収容期間の延長は司法審査により判断されることを挙げている。日本政府は二〇一八年一二月、移住に関する国連のグローバル・コンパクトに参加した。第三章でも触れたとおり、子どもの最善の利益を原則に掲げるほか、入管収容についても「最後の手段としてのみ使用する」と規定、「収容が恣意的でなく、法律や必要性、比例制と個別の評価に基づき、権限ある当局によって可能な限り最も短期間での実施を約束する」と謳う。しかし、入管庁の担当者は取材に対し「グローバル・コンパクトに法的拘束力はない」と指摘し、採択後も入管収容政策を変更する予定はないと語った。

多くの国連諸機関から日本の入管収容制度への懸念が表明されているのはこれまで述べたとおりで、拷問禁止委員会（二〇〇七年八月と二〇一三年五月）、自由権規約委員会（二〇一四年八月）、人種差別撤廃委員会（二〇一四年九月と二〇一八年八月）が無期限の収容や収容の適否を判断する司法審査の不在に懸念を表明、代替措置を検討するよう求めている。同じ勧告を受けながら、無視し続ける入管当局の姿勢に国際人権条約を軽視するこの国の姿が表れている。

英国の入管施設を訪問した児玉晃一や浦城知子はその後も、日本で入管施設に拘束された外国人の救済に向けて弁護活動に取り組む。英国の現場を見て、外国人の人権擁護に取り組む自分たちの活動が間違っていなかったと気がついたという。浦城は「身体拘束は例外であって、自由が原則のはずです。英国にはその原則がありました。けれど、日本はなぜか逆で、収容が原則になっています」と強調する。「枠からはみ出る人を閉じ込めておけばいいというのは日本の文化なのでしょうか。そこから変えていかなければなりません」

†「要塞化する欧州」と国際社会に背を向ける日本

欧州連合（EU）は統合深化の過程で、域内移動の自由化と共に、域外国境の共通管理を進めてきた。入管収容など各国政府が個別に対応する分野を残す一方、一九九七年のアムステルダム条約で移民難民政策をEU全体としての政策領域に格上げした。非正規滞在者を「安全への脅威」と捉え、規制強化の方向で共通政策を推進している。難民受け入れの分野では、最初に到着した国家で難民申請するというダブリン規則を二〇〇三年に制度化、二〇〇四年にはポーランドの首都ワルシャワに専門機関として欧州対外国境管理協力機関（フロンテクス）を設置した（二〇一六年一〇月に欧州国境・沿岸警備機関〔フロンテクス〕に改組）。

フロンテクスは二〇一三年に欧州境界監視システムを導入、加盟各国の国境警備当局と情報共有を進め、地中海をはじめ移民・難民が大量流入する現場で主導的な役割を担う。フロンテクスはバルカン半島やアフリカの諸国家とも連携し、境界警備を強化する。また、強制退去処分の決まった外国人の送還にも活動の幅を広げ、チャーター機も運航。一機のチャーター機が加盟各国に立ち寄りながら、外国人を目的地まで送還する方法も実践している。強制送還の場面では、手錠も使用されており、日本と同様、人権団体の非難が続く。

さらに、EUは一九九九年以降、各国が独自に進めてきた再入国協定をEUとしても締結し始める。再入国協定とは、在留資格が得られず、強制退去処分となった外国人の引き取りをお互いに義務付ける協定だ。自国民だけでなく、その国を通過した外国人や無国籍者も引き取りの対象となる。移民や難民の大半は中東やアジア、アフリカなどの途上国から欧州諸国へ移動するため、協定が威力を発揮するのは、途上国出身者が欧州諸国で強制退去処分となる場面である。EUや欧州各国の政府は貿易上の優遇措置などを見返りにして、途上国と無数の再入国協定を締結、強制退去が決まりながら、送還先政府の引き取り拒否で送還が滞る事態を避けてきた。ダブリン規則と再入国協定のネットワークで、各国をたらい回しにされる外国人も出てくるほか、途上国の中には、法の支配が十分でない国家も多く、人権上の懸念が指摘される。もっとも、二〇一五年以降の難民危機でダブリン規則の運用は混沌としている現実もある。

欧州諸国による境界管理の強化は合法的にパスポートやビザを入手できない弱い立場の移民・難民を正規ルートでの移動から排除し、危険性の高い非合法ルートへと向かわせる。オランダ・アムステルダムに拠点のあるNGO「異文化間アクションのための連帯」(UNITED for Intercultural Action)の集計によれば、一九九三〜二〇一九年に地中海を中心に、少なくとも三万六五七〇人が欧州の境界で死亡した。同NGOは「名前も知られず死んでいく移民・難民は「要塞化された欧州」による破滅的な政策の犠牲者だ」と非難する声明を発表している。また、NGO「ミグル・ユーロップ・ネットワーク」によると、EUやその周辺国で、非正規滞在者の収容施設が増加し、その収容可能人員が二〇一一年の三万二〇〇〇人から二〇一六年には四万七〇〇〇人に増加。欧州へ向かう移民・難民にとって冬の時代が続いている。

移民規制や境界管理を強化する一方で、欧州諸国は、滞在が長期に及ぶ域内在住の非正規滞在者に在留資格を付与、その滞在を正規化する政策も進める。日本の在留特別許可と同じような措置である。各国政府はこれまで非正規滞在者を一斉に正規化する措置(アムネスティ)を何度か実施したが、現在は日本と同様、当局による裁量で個別に非正規滞在者を救済している。例えばフランスでは、正規化の許否判断は県知事らの裁量行為だが、①少なくとも一〇年滞在し、子どもに障害のある場合、②少なくとも五年滞在し直近二年間で少なくとも八カ月間就労し、現在も労働契約を結んでいる場合、③少なくとも五年滞在し、子どもが少なくとも三年以上フランスの教育機関で勉強している場合——など条件を明示し、該当する非正規滞在者に在留許可を出している。日本の在特ガイドラインが「本邦での滞在期間が長期間に及び、定着性が認められること」など曖昧に記載しているのと比べると、具体的な数字が挙げられている点に特徴がある。

それでも、非正規滞在者が正規化されると、社会保険への加入が義務付けられるため、就労証明書を発行しない雇用主も一定数存在するなど正規化への道は容易ではない。AFP通信によると、二〇一九年七月には、非正規滞在者やその支援者数百人がパリ5区のパンテオン（万神殿）を占拠して在留資格を要求、機動隊に排除される事件が発生するなど、非正規滞在者を巡る課題は山積している。内務省によると、二〇一八年に正規化された外国人は三万三二五七人。非正規滞在者も加入可能な医療扶助（AME）制度の登録者から推測すると、非正規滞在者は少なくとも三一万八一〇六人いるとみられている。日本では、少なくとも七万九〇〇〇人（二〇一九年七月）の非正規滞在者に対し、在特はわずか一三七一人。単純比較はできないが、大きな開きが看取される。

日本とフランス両国の非正規滞在者に詳しい上智大学教授、稲葉奈々子は「フランスでも裁量行為だが、基準を満たしていれば、機械的に正規化されています」と指摘し、「日本の入管当局も基準を明確に示し、合致すれば在特を認めるようにするべきです」と訴える。

外国人の出入国管理行政で、政府の恣意的な決定を縛るのが多くの国際人権条約である。自由権規約、子どもの権利条約、人種差別撤廃条約、拷問禁止条約……。国家主権を認める一方、家族の権利など守るべき人権水準を提示し、締約国政府に順守するよう求める。こうした条約の実効性を確保するために設けられているのが個人通報制度だ。政府の決定で権利の侵害に遭った個人が各条約機関（自由権規約委員会など）に直接訴え、国際的な視点から救済を求める制度で、条約機関が訴えの内容を審理し当該政府に見解を通知する。見解に法的拘束力はないが、政府には見解へのフォローアップが要請されている。人権条約の順守状況を監督する第三者機関と言える。

非正規滞在者の救済という観点から見ると、欧州諸国と日本との違いの背景には、この個人通報制度の存在があると指摘されている。例えば、フランス政府は批准する四つの主要な人権条約全てで個人通報制度を受け入れているが、日本政府は一つも受け入れていない（図表11）。弁護士の浦城知子は「日本の裁判所は判決文で国際条約を用いることがほとんどありません。

	日本	米国	ドイツ	フランス	英国	イタリア	カナダ
自由権規約	○	○	個	個	○	個	個
子どもの権利条約	○	×	個	個	○	個	○
人種差別撤廃条約	○	○	個	個	○	個	○
拷問禁止条約	○	○	個	個	○	個	個

※個は個人通報制度受け入れ済み。○は条約締結のみ。×は条約未締結。

図表11　G7各国の個人通報制度受け入れ状況(2019年8月時点)
外務省資料を基に筆者作成

国連の条約機関が自分たちの判断を覆すのは非常に不名誉なので、個人通報制度が導入されれば、裁判所も常に前進する国際的な人権基準を意識しながら、判決を書かざるを得なくなります」と指摘する。裁判所が国際的な人権基準を意識すれば、政府も国際人権条約を順守する姿勢に転換せざるを得なくなる。そんな流れが期待され、日本政府にも国際人権条約の個人通報制度を受け入れるよう求める声は高まっている。

自由権規約の個人通報制度を受け入れている政府は二〇一九年八月時点で一一六カ国に上る。外務省担当者は「条約の実施の効果的な担保を図るという趣旨を考えれば注目すべき制度だが、最高裁の判断と違う見解が委員会(条約機関)から出された場合にどのように対応すべきかなど、わが国の司法制度や立法政策との関連で実施態勢に課題がある」と語る。「政府として個人通報制度受け入れの是非について検討を進めている」と強調するが、具体的にいつ結論を出すのかについては明らかにしなかった。「締結した条約や確立された国際法規の誠実な順守は憲法上の要請であると共に、日本外交への信頼を高める上で重要だ」と強調する外務省。掛け声とは裏腹に、国際人権分野で日本政府は国際社会に背を向けている。

2 出入国管理、日本の過去・未来

†植民地支配と冷戦が産んだ入管体制

在留資格に基づく厳格な管理と行政庁による広範な自由裁量に特徴付けられる日本の出入国管理政策の原型は、連合国軍総司令部（GHQ）占領時代に制定された「出入国管理令」に遡る。戦前、外国人の出入国管理を担ったのは内務省・警察だった。地方長官（現在の知事だが、当時は選挙ではなく内務官僚の派遣）が外国人の上陸を禁止する権限を有し、警察が九〇日以上滞在する外国人の氏名や住所といった個人情報を登録した。発想の根底にあるのは治安維持である。一九一〇年の日韓併合以降、大日本帝国の臣民となったはずの朝鮮半島出身者を取り締まったのは特高警察だった。朝鮮半島から日本本土へは自由な移動が制限されたが、第二次大戦末期、労働力不足から多くの朝鮮人が事実上強制移動させられ、終戦時に日本本土にいた朝鮮人は約二〇〇万人に上る。

日本の敗戦と大日本帝国の崩壊は東アジアに国境の新たな線引きと日本に暮らす「外国人」の範囲に変容を迫った。日本政府の懸案は日本本土に残る朝鮮人の処遇で、朝鮮人に故郷へ帰るよう奨励、朝鮮人の希望とも合致し、多くが博多港（福岡市）や舞鶴港（京都府舞鶴市）から帰国した。一方、日本に生活基盤を確立した朝鮮人は残留、日本政府が課した財産の持ち出し制限も影響した。朝鮮半島での政治情勢の緊迫化、食料不足やインフレといった経済の不安定化の中で、朝鮮半島への引き揚げ熱は徐々に冷めていく。一九四六年三月までに約一三四万人が帰国したが、一九四八年には約二八〇〇人にまで減少した。

内務省に代わり、外国人の出入国管理業務も管轄することになったGHQは日本政府に基本的人権を順守させるという側面を持つ一方、秩序維持の責任者という顔も合わせ持ち、外国人政策、あるいは朝鮮人政策でも両極で揺れ動く。

日本政府は敗戦後、未だ日本人である朝鮮人を一貫して秩序を脅かす「第三国人」と認識し、闇市での取り締まりを強化するなど管理強化に注力する。解放国民として日本人と同じように振る舞う。あるいは抑圧されてきた民族的な要求を掲げる。在日朝鮮人によるそうした行為は戦前に培われた差別構造の中で脅威とみなされた。メディアも在日朝鮮人への強硬策を唱える内務省の姿勢を好意的に取り上げ、朝鮮人の否定的なイメージを広める。在日朝鮮人は生活苦にあえぐ一般庶民の不満のはけ口として利用されたのである。GHQも治安維持の観点から在日朝鮮人の権利擁護には消極的になっていく。戦後に復活した日本共産党が在日朝鮮人に人的にも金銭的にも支えられていたことが背景にあり、GHQは次第に在日朝鮮人＝共産主義者と認識、日本政府の方針に理解を示す。

日本政府は一九四七年五月二日、外国人登録令を制定した。外国人は入国後六〇日以内に市町村長に登録しなければならないと定めた入国管理に関わる法令で、立案した内務省は強制退去の規定も盛り込んだ。条文上は外国人一般と記していたが、この法令で在日朝鮮人は「外国人とみなす」とされ、登録の対象になった。なし崩し的に日本社会からの在日朝鮮人排除が本格化する第一歩だった。外国人登録令の制定は日本国憲法施行の前日に実施され、大日本帝国憲法下での最後の勅令として知られている。軍国主義の象徴とされた内務省は約半年後の一九四七年一二月、GHQにより解体された。国際法学者の大沼保昭は外国人登録令を巡り、「新憲法体制にたいして旧体制の側から打ち込まれたくさび」と表現し、「戦後初の入管法の制定、実施による入管体制の創出こそ、明治憲法体制の中核をなしてきた内務省権力の最後の仕事であり、新憲法下の入管権力への置き土産であった」と指摘している（『単一民族社会の神話を超えて』）。

GHQは出入国管理の権限を徐々に日本政府へ移管、その過程で入管行政と警察を切り離し、民主化した方法で実施するよう求めた。出入国に関わる強制退去は行政処分であり、行政手続きからの警察の排除が民主主義の確立につながると考えたのである。司法警察と行政警察の混同により基本的人権を侵害し続けた戦前の状況を踏まえた上での要求だった。外務省管理局に出入国管理部が設置されたのが一九四九年八月。出入国記録の整備など事務が始まったが、その後同省外局に出入国管理庁がつくられ、最終的に法務省に移管、同省入国管理局として定着する。警察からの切り離しを目指した戦後の出入国管理行政だったが、人的には一時的に警察の系譜を引いていたと指摘されている。

在留資格や在留期間による厳格な外国人管理。行政庁の自由裁量による強制退去。法相による在留特別許可。無期限の入管収容。出入国管理の制度設計もこの間に実施された。現在と同じ構造となる出入国管理行政の骨格が練られ、一九五一年一〇月、出入国管理令が制定される。翌一九五二年四月にサンフランシスコ平和条約が発効し、日本は主権を回復、出入国管理令は法律としての効力を持つようになり、現在の入管体制が始まった。

出入国管理令を巡り、GHQ内部には、入管当局が司法審査もなく、非正規滞在者を拘束できるという規定は日本国憲法に違反し、恣意的な運用につながると懸念する声もあった。だが、憲法との整合性に対する行き過ぎた配慮は強制退去処分を困難にするとの意見を前に、そうした懸念はしぼんでいく。東西の冷戦構造が固まる中で、GHQは日本を民主主義の前哨基地と位置づけており、外国人の出入国管理が政権転覆を企てる人々から民主国家を守ると認識したのだった。念頭にあったのが在日朝鮮人である。出入国管理の制度設計に影響を与えた米国人ニコラス・コレアは、在日朝鮮人の大半が共産主義の扇動者や破壊活動組織の構成員だと主張し、最大の成果を収めるために入管行政を全て一つの行政庁が実施すべきだと強調した。コレアは、望ましい外国人と望ましくない外国人を確実に切り離す唯一の方法は行政官に相当の裁量権を与えることだとも指摘したという（テッサ・モーリス＝スズキ「冷戦と戦後入管体制の形成」『前夜』第1期〔3〕）。

また、サンフランシスコ平和条約発効の直前、法務省（当時は法務府）民事局長は「朝鮮人及び台湾人は（日本）内地に在住する者も含めてすべて日本国籍を喪失する」との通達を出し、在日朝鮮人は外国人になるとの見解を発表した。立法措置を取るわけでもなく、法務省の通達一枚で一夜にして国籍を剥奪する姿勢に、この国の在日朝鮮人へのまなざしが表れている。帝国臣民として創氏改名まで強要した同化政策との矛盾が語られることはない。

在日朝鮮人たちはこの後、国籍を理由に多くの社会保障から排除され、権利獲得に向けての闘争を余儀なくされる。ナチス・ドイツに併合されたオーストリアが一九五五年に独立した後、西ドイツ政府（当時）が国内に住むオーストリア人に西ドイツ国籍とオーストリア国籍のどちらを選ぶか選択権を認めたのとは対照的な措置だった。

在日朝鮮人の排除を巡っては、日本国民の意識の変化もあったとみられている。明治から戦後までの日本民族論の変遷を調べた社会学者の小熊英二によると、大日本帝国の拡大に伴い、「天皇家にも渡来人の血統は流入している」「日本民族は南北アジア諸民族の混合であり、日本民族と血縁関係にある」といった混合民族論が広範に流布した。ところが、敗戦後、「日本は太古から単一の日本民族が住み異民族抗争のない平和国家だった」「天皇家は外来の征服者ではなく、平和民族の統合の象徴だった」との単一民族神話が一般化するという（『単一民族神話の起源』）。小熊は「戦後の象徴天皇制や敗戦による国際関係への自信の喪失、そして戦争に疲れ「まきこまれるのはご免だ」という「一国平和主義」の心理と合致していた」と分析、「弱いときには単一民族論で身を守り、強大になると混合民族論で外部のものをとりこむという動きがあるといえよう」と解説している。

在日朝鮮人を排除する新たな入国管理体制や国籍剝奪を支えた日本国民の背景には、そうしたご都合主義的な心理があったとも言える。戦後、日本は在日朝鮮人を排除するところから入管政策を開始した。

†五〇年変わらぬ入管施設

「収容者の処遇に見られる大村収容所の実態は、旧日本帝国時代の日本政府の姿をそこに見ることができると言っても過言でない。日本の戦後も、平和憲法の影もそこにはない」

在日朝鮮人で、自らも長崎県大村市の入管施設に収容された経験のある朴正功こと任錫均は、一九六九年に出版した『大村収容所』の中で、収容経験をこう振り返っている。戦後、突然外国人とされた在日朝鮮人たちを朝鮮半島に送り返す拠点となった収容施設である。基本的人権の尊重を謳う憲法を制定、「平和を維持し、専制と隷従、圧迫と偏狭を地上から永遠に除去しようと努めている国際社会において、名誉ある地位を占めたいと思う」とまで掲げた戦後の日本。しかし、出入国管理の現場は戦前の精神が続いていた。

敗戦後、多数の在日朝鮮人が故郷へと戻る一方、一九四六年以降、朝鮮半島情勢の悪化と共に再び日本に戻る動きも顕在化する。日本から朝鮮半島への引揚者が激減するのと軌を一にする動きだった。記録によれば、一九四六年四～一二月に朝鮮半島から日本へと入国した朝鮮人は一万七七三三人。一度出国すれば再入国は禁止されたため、密入国の扱いとなった。その数は一九四七年六〇一〇人、一九四八年七九七八人と数千人単位でしばらく続く。

「外国人」とみなされた在日朝鮮人が一定の罪を犯した場合も強制退去処分となったため、日本政府はこうした在日朝鮮人を朝鮮半島へ強制送還するようになる。アジア各地に取り残された日本人の引き揚げ事業で、拠点の一つとなった厚生省佐世保引揚援護局（後に引揚援護庁、長崎県佐世保市）にあった収容施設の一部が一九四六年七月、不法入国者の収容所として使われ始め、船舶による朝鮮半島南部・釜山への送還事業が始まる。外務省外局に出入国管理庁が設立された一九五〇年一〇月、針尾入国者収容所と改組され、同庁の付属機関として発足した。一九五〇年一二月に長崎県大村市に移転、大村入国者収容所となり、一九九三年一二月に現在の名称「大村入国管理センター」と改称した。

日本政府は一九五二年に主権を回復、「我が国に好ましくない外国人」を追放する権力を手にしたが、思わぬ事態に直面した。韓国政府が在日朝鮮人の法的地位が未確定だとして、戦前から日本に暮らしながら刑罰法令違反を理由に強制退去処分となった在日朝鮮人の引き受けを拒否したのである。韓国政府による身柄引き受け拒否により、大村収容所に拘束される朝鮮人の数は一気に増加した。一九五〇年の発足当初、定員は六九〇人だったが、一九五三年九月の増築で収容定員を一六九〇人へと拡大、最高時には収容人員一七〇〇人に達している。

一九七〇年に刊行された『大村入国者収容所二十年史』(法務省大村入国者収容所編)は「収容の長期化にともない被収容者は次第に先鋭化し、勢い大小軽重の事故が多発」したと記録。「南北抗争(収容者の間で韓国支持派と北朝鮮支持派に分かれての抗争)がとみに激化し、これが転じて対当局闘争に発展するなど集団ハンスト、暴力事件がひん発」したとも記している。ハンストの要望は即時釈放や即時送還、南北別収容で、『二十年史』によれば、一九五〇年からの二〇年間にハンストが計二二件発生しているほか、自殺者が四人、自殺未遂が一六件あった。収容者同士のけんかや傷害事件が四二件起きているほか、傷害致死事件も二件発生した。このレベルに至らなくても「けんか口論の末、殴り合い、双方傷害を受けた事件は数え切れないほどあった」という。

入管施設では、二〇二〇年現在でも長期収容や自殺、ハンストが問題になっており、五〇〜七〇年前と同じ状況が続いている。朝鮮人を無期限に収容し続けた大村収容所は、日本政府が戦後も韓国政府と植民地問題で正面から向き合うことなく国際社会に復帰した矛盾の現場だったとも言える。入管収容者の面会活動を続ける哲学者の永野潤は「入管制度はその始まりから植民地主義体質を備えていた」と分析する。「入管施設は日本社会の構造的暴力の表象であり、無関係な日本人はいません。入管問題は入管当局や外国人の問題ではなくて、われわれ日本人の問題なんです」と、日本人一人ひとりが入管問題に向き合う必要性を訴える。

任錫均は『大村収容所』で職員の態度を告発している。「なんとしてもいまだに納得がいかないのは、収容所の係官の態度の横柄さである。刑事犯罪人もこのひどい言動や制度で取り扱われまいというほど野卑で乱暴だ。戦前の外事警察上がりの者ならともかく、高校を昨日卒業してきたような若い担当が頭から〝こら〟で始まり〝わかったか〟で終わる」。医療体制を巡っても「収容所の医師は診察に際して病状についてはひとこともしゃべらず黙って薬や注射をしてくれるのみで、診療の効果も余り上がらないので、収容者間に不満があった」と指摘した。「ねずみが1日中出入りし、寝ている傍を走り抜け、便所に入れば足元をちょろちょろ走り回る有様である」と施設の様子をつづっている。

その後、日本政府は韓国の軍事政権と日韓基本条約を結び、国交を回復した。徐々に韓国政府が在日朝鮮人の身柄を引き受けるようになり、過剰収容は徐々に解消されるが、以後も長期収容は継続する。

週刊誌『サンデー毎日』は一九七七年八月、「自由なく〝刑期〟なく灰色の日々」と題した大村収容所特集を掲載した。生後六カ月から六四歳までの一一二人が収容され、最長期間は四年にも上ると強調。執筆した記者の大島幸夫は「法務省入管局の言い方によれば、「船待ち場」ということになる」が、「そう呼ばれるには、あまりに自由がない」とし「刑期なき獄舎」「監獄以上の監獄」と表現した。食事もあてがいぶちの粗食、高い塀の中で二重三重の監視に包囲された生活。監視の目は光り、テレビは白黒、夕食は午後四時半と早く、入浴は週二回まで……。そんな具合に当時の様子を伝えている。収容者との面会を申し込んだが、「入管行政上好ましくないので」「収容秩序に支障があるので」と断られたといい、「驚くべき〝秘密主義〟〝黙殺主義〟」と非難した。

四十数年前に書かれた入管施設の記事を読むと、果たして現在とどの程度差があるのかと考えさせられる。「日本の戦後も、平和憲法の影もそこにはない」と任錫均に言わしめた入管施設は現在も「日本社会の構造的暴力」として同じように存在している。

入管施設のあり方を巡っては、戦後の施設発足以降、変化はなかったが、大村センター（一九九三年までは大村収容所）で二〇一九年六月に発生した餓死事件を機に本格的な議論が始まった。出入国在留管理庁となった入管当局は法相の私的懇談会「出入国管理政策懇談会」の下に、入管施設の長期収容問題を議論する「収容・送還に関する専門部会」を設置、有識者で構成するこの部会で入管施設のあり方を検討し始めたのだ。

†無期限収容を容認する有識者たち

人権水準の向上か、排除の論理の徹底か。入管施設の長期収容問題を受け、法相の私的懇談会「出入国管理政策懇談会」の下に設けられた収容・送還専門部会。二〇一九年一〇月から月に一～二回のペースで議論を始めた。入管難民法の改正を含め、その後の入管施設の運用に生かしていくのが目標だ。委員は刑法や国際法、移民政策の研究者に加え、元法務省入国管理局長や元検察官の弁護士、NGO関係者、日弁連推薦の弁護士ら一〇人。専門部会設立の直接的契機が入管施設内部で発生した餓死という衝撃的な事件だっただけに、支援者を中心に注目を集めた。国際的な人権水準に適った入管施設の運営へと舵を切るのか。それとも、非正規滞在者に苦痛を強いる形でさらに入管当局の権限強化へと向かうのか。専門部会は日本の国家としてのありかたを問い直す場ともなった。

無期限の長期収容を解消する手段は大きく分けて三つある。仮放免での一時的な解放、在留特別許可（在特）による滞在そのものの正規化、強制送還の三択で、入管庁は強制送還で長期収容を終わらせたい意向を強調する一方、外国人やその支援団体、弁護士らは仮放免や在特を主張する。

専門部会では、入管収容を巡り、収容期限に上限を設定する欧米諸国の事例が多数紹介されたほか、国連機関が日本の制度に懸念を表明、無期限収容を改善するよう求めている事実にも言及があった。日弁連推薦の弁護士、宮崎真は「非収容が原則で、例外的に収容する」との原則に基づき、収容制度そのものを見直すべきだと主張、収容の要件を逃亡の恐れのあるときに限定した上で、収容期間を法律で定め、収容時や一定期間経過後に司法審査を導入するべきだと訴えた。

一方、難民申請を悪用する外国人が多く、迫害の恐れのある地域に難民を送還しないとするノンルフルマン原則に抵触しない形で、複数回の申請者を送還できるようにするべきだとの意見が出たほか、罰則を設ける必要があると強調する委員もいた。中央大学大学院法務研究科教授で、刑法を専門とする髙橋直哉は「国家主権の実効性を確保するため最終的な手段として罰則が考えられてよい」と送還に応じない外国人への罰則の導入を主張した。元検察官で弁護士の寺脇一峰は「威嚇力として刑事罰の存在は相当効果がある」と高橋に同調した上で、「心理的な抑制として、仮放免された者を逃亡させないための刑罰は設けるべきだ」と仮放免逃亡罪の新設も掲げた。元法務省入国管理局長で、日本大学危機管理学部教授の高宅茂は「退去強制事由に該当したことには争いはなく、司法審査にはなじまない」と身体拘束の是非を第三者がチェックする司法審査の導入に否定的な意見を述べた。

専門部会は、入管施設で働く職員や外国人の支援者らも招き、議論の参考としている。東京入管の首席入国警備官は二〇二〇年一月一六日の会合で、「長期収容者の増加と共に遵守事項を守らない収容者が増加、制止措置や隔離措置を取らざるを得ない事案が高い頻度で発生している」と説明、「居室内で放尿あるいは脱糞を繰り返し、その大便を監視カメラや居室内の壁に塗りつける行為もあり、対応に苦慮している」と話した。「職員にとっても精神的苦痛や疲弊の要因になっており、離職する者もいる」

また、大村センターで収容者を対象に礼拝を行う牧師の柚之原寛史は二〇二〇年一月二八日の会合で、収容者の声をまとめたメモを読み上げ、委員たちに絶望の中で暮らす外国人の思いを伝えている。

「私はロヒンギャの難民です。どうしてここに入れるのですか。どうして手錠をかけるのですか」

「入管のドクターはいつも「大丈夫」しか言いません」

「私はビルマ（ミャンマー）のカチン族です。帰国希望でしたが、大使館がビザを出しませんでした。収容されてから手足がしびれてきて失明もしました」

「温かいスープを飲ませてください」

「（職員に）アフリカ人はアフリカに帰れと言われ、かっとなって電気ポットを投げつけました。器物損壊と暴れたことで刑務所に行き、また大村に収容されました」

「私は入管に入ってから七年も星を見ていません。夜の星を見せてください」

こうした中で二〇二〇年四月、部会長で弁護士の安富潔が提言骨子案をまとめ、公表した。退去を義務付ける制度を設け、違反する場合に罰則を設けると明記したほか、仮放免者の逃亡についても罰則を創設すると記載、議論の中で取り上げられた罰則規定を全面的に盛り込んだ。また、送還回避のために難民申請を繰り返す外国人が多いとして、ノンルフルマン原則の趣旨に反しない形で、送還停止措置に一定の例外を設けるべきだと強調している。

収容期間の上限設定や司法審査を巡っては、「現状で設けることは困難である」と一蹴、入管施設のあり方についても「環境の整備を進めること」「不断に見直しを進めていくこと」と指摘するにとどめ、抜本的な改善策は提示しなかった。日本の難民認定率がなぜほかの先進国と比べ、著しく低いのかという検証もなければ、入管庁に検証するよう求めることもなかった。ノンルフルマン原則を除き、国際条約や日本政府が交わした国際的な約束は事実上無視され、国連機関からの無期限収容に対する懸念についても取り上げられなかった。
専門部会は二〇二〇年四月、提言骨子案に対する各委員の見解をサイト上で公表した。要約すれば次のようになる。
「いずれも賛成で加筆は希望しない。罰則の創設に優先的に取り組むべきだ」（中央大学大学院法務研究科教授、髙橋直哉）
「相応の期間が経過する前に再度難民申請をしても、原則として送還停止の効果を有しないとすべきだ」（元法務省入国管理局長の日本大学教授、髙宅茂）
「難民申請中の送還停止措置に例外を設けることや罰則の創設は収容の長期化防止に効果を発揮する。刑事罰には威嚇効果があり、懲役刑を選択できるようにすべきだ。収容の上限設定や司法審査には反対する」（元検察官の弁護士、寺脇一峰）
「提言骨子案はバランスに配慮してまとめられている。罰則の設置や厳格化だけでは十分ではなく、個別の事情に配慮した対応の徹底が必要だ」（筑波大学大学院准教授、明石純一）
「提言骨子案の内容には賛成だ。帰国できない事情として家族の問題が挙げられるが、家族共々帰国すればよい」（医師、大橋秀夫）
「提言骨子案の内容はとても丁寧だ」（難民を助ける会会長、柳瀬房子）
「収容の上限や司法チェックという議論ではなく、収容の決定そのものが正しくかつ適切に行

われるよう透明化を図ることに主眼を置くべきだ」(一橋大学大学院教授、野口貴公美)
「収容・送還の方策を講じる前に難民認定制度の見直しを強く促すことが重要だ。収容期間は最短にすべきであり、上限を設定する必要がある。収容者の尊厳確保のために、実効的な審査機会を設けることは、収容が恣意的ではない適正な措置だとの説明責任を果たすために重要だ」(杏林大学教授、川村真理)
「提言骨子案には、相当程度修正すべき点がある。収容期間の上限設定や司法チェックの確保の必要性はとりわけ大きい上、送還への非協力や仮放免中の逃走に対する罰則新設については、問題解決手段としての実効性が明らかとは言えない。難民認定では、現状の難民認定制度の検証を実施すべき状況にある。提言骨子案を実施しても累々たる死者や健康被蝕者の列を断ち切れず、人の生存の制約状況を脱却できない」(日弁連推薦の弁護士、宮崎真)

委員一〇人のうち、国際条約を意識し、収容期間の上限設定や司法審査を求めたのは宮崎真と川村真理だけだった。入管庁が委員の人選に関わっており、当然と言えば当然だが、入管庁の期待どおりの提言骨子案が出てきたようだ。

「全体的に見れば、排外主義だ」。全国難民弁護団連絡会議の代表、渡邊彰悟は提言骨子案を読んだ感想をこう表現した。「難民認定制度の適正な運用ができていない点についてはほとんど問題にされないまま議論が進みました。入管庁側の問題には触れずに、収容者側に責任を押しつける形でまとめられている。考えるべきは難民や移住者をどのように保護して人権を確保、滞在を正規化するかということであり、そうした議論がないまま、まとめられたのはとても危険だし、国際的な動向からも逸脱していきます」

専門部会の議論を注視してきた弁護士の髙橋済も「国連から無期限収容を改善するよう何度も勧告されているが、一顧だにしないのに衝撃を受けました。勧告を受けて改善に努めて国際社会の求める水準に近づいていくというのがあるべき姿だと思いますが、そういう意識が一〇人の委員の多数にはありませんでした。自国中心主義で、将来に禍根を残す結論になったと思います」と話す。「収容や送還という国家主権。外国人の尊厳や自由という基本的人権。両者のバランスをどう取るかという議論が専門部会には求められていたはずです」

専門部会は二〇二〇年六月一五日、最終的な提言を発表した。再入国の条件を緩和するなど自発的な出国を促す措置を導入する一方で、送還に応じない場合に新たに退去命令を出し、違反者に罰則（送還忌避罪）を科す制度を創設するべきだとしている。また、在留特別許可（在特）や仮放免の基準を明確化するよう入管当局に求めたが、仮放免中に逃亡した場合に罰則（仮放免逃亡罪）を科すほか、同じ理由で申請を繰り返す難民申請者については、ノンルフルマン原則の例外として強制送還を可能にするべきだと訴えた。「一定期間を超えて収容を継続する場合にはその要否を吟味する仕組みの創設を検討すること」としたが、収容期間の上限設定や事前の司法審査の導入を盛り込むことはなかった。

四月に発表された提言骨子案と比べると、在特基準の明確化など入管当局にある程度の改革を迫る内容となった。しかし、全体的に見れば、罰則の創設はじめ非正規滞在者をさらに追い込む内容となっており、「憲法や国際人権法上の諸権利を侵害しかねない」(日弁連会長声明)などと批判が相次いだ。それでも、出入国管理政策懇談会は専門部会の提言を了承し同七月一四日、森雅子法相(当時)に提出、入管庁はこの提言を基に、新たな制度を設計するという。

3 国家主権と外国人

†「例外状態」と「剝き出しの生」

今日的な意味での難民は第一次大戦後に出現したと言われている。ロシアやオーストリア＝ハンガリー、オスマンの各帝国が解体され、民族自決原則の下、中東欧に多数の国民国家が誕生、国家内に少数民族が生まれ、ある者は難民として、またある者は無国籍者として故郷を追われた。国籍の剝奪もあり、難民や無国籍者は数百万人に上ったとみられている。国民国家の基礎をなす「民族―領土―国家」の三位一体から放り出され、無権利のまま放置された人々。

ドイツの政治哲学者で、自身もナチス・ドイツに追われ難民として米国に渡ったユダヤ人のハンナ・アーレントは主著『全体主義の起原』で「いかなる国家によっても公式に代表されず保護されない」として、「諸権利を持つ権利」を失ったと表現した。
「人権の概念は、人間が国家によって保障された権利を失い現実に人権にしか頼れなくなったその瞬間に崩れてしまった。他の全ての社会的及び政治的資格を失ってしまったとき、単に人間であるということからは何らの権利も生じなかった」(『全体主義の起原2――帝国主義』)
「人権のアポリア（行き詰まり）」。アーレントはここに国民国家の矛盾を見いだした。現代では非正規滞在者がこの分類に加わり、欧米諸国や日本など先進諸国の政府に国民国家の矛盾を突きつける。アーレントを分析したイタリアの哲学者ジョルジョ・アガンベンは「国民国家とは生まれ、ないし誕生を自らの主権の基礎とする国家を意味している」とした上で、非正規移民が国民国家の秩序で不安定な要素となるのは、生まれと国籍の同一性を破断することで、主権の原初的虚構を危険にさらすからだと指摘する。主権とは元々虚構である。
アガンベンはこうした「主権」概念を巡り、フランスの哲学者ミシェル・フーコーやドイツの政治学者カール・シュミットの分析を通じて、その本質を追究した。近代化と共に、各国は「領土」の支配から「人口」の支配へと統治の軸足を移し、出生率や寿命、公衆衛生など人々の管理を強化する。フーコーは人間の生に対するこうした支配や介入を「生政治

(biopolitique)」と名付けた。アガンベンはフーコーの理論を「主権者とは例外状態において決定を下す者をいう」とのシュミットの言葉と共に捉え直し、法的保護の枠外に放り出された人々の生を「剝き出しの生」と呼ぶ。アーレントの言葉を使えば、「諸権利を持つ権利」を奪われた人々の生とも言える。古代ローマで、父親が息子に対して保有した生殺与奪権のように、主権者は「例外状態」の下で法を宙づりにして剝き出しの生に置かれた人々に権力を行使する。権力によるそうした統治がアガンベンにとっての生政治だった。

アガンベンが注目したのは合法・違法や規則・例外、内部・外部など対立する両者のどちらにも属さない「不分明地帯」である。そこは例外状態に支配され、剝き出しの生にあふれる。アガンベンの解釈に従えば、どの国家からも宙吊り状態になり、事実上保護を求められない、もしくは希望しない難民や無国籍者、非正規滞在者はこのカテゴリーに属する。言い換えれば、例外的存在で、剝き出しの生を生きていることになる。

主権者が生政治を実践する中で、例外状態の剝き出しの生が表象される代表的な場所がナチス・ドイツの強制収容所だった。

「収容所とは、例外状態が規則になり始めるときに開かれる空間のことである」

「主権権力の基礎は、例外状態について決定することができるということであるが、その例外状態が規範的に実現される構造こそ、収容所なのである」

アガンベンは収容所をこう捉え、「法が全面的に宙吊りにされている例外空間であるからこそ、そこでは一切が本当に可能なのである」と指摘した(『人権の彼方に』『ホモ・サケル』)。法が宙吊りになる例外空間であるが故に、「個人の権利や法的保護といった概念自体が何の意味ももたなかった」と述べる。

アーレントによると、ナチス・ドイツはユダヤ人らの市民権、続いて国籍を剝奪する一方、収容所を通常の刑事システムと切り離す形で設置、収容対象者を司法手続きの枠外に放逐した。「人間の中の法的人格の破壊、これが人を支配するための前提条件となる」(『全体主義の起原3――全体主義』)。市民権や国籍の剝奪が合法的に実施された点にも注意が必要である。アガンベンは次のように語る。

「住人があらゆる政治的立場を奪われて完全に剝き出しの生へと還元されたということからして、収容所は、かつて実現されたことのない最も絶対的な生政治的空間でもある。そこで権力が向き合っているのは、まさに何の媒介もない純粋な生なのである」(『ホモ・サケル』)

アガンベンは分析対象として、ナチス・ドイツの強制収容所を取り上げたが、本質は「例外状態」にあるとして、イタリア政府が一九九一年、隣国アルバニアの非正規移民を収容した同国南部バーリの競技場や難民申請者を収容するフランスの空港にある待機地帯も収容所だと強調した。これらは入管施設である。

また、こうした「例外状態」の概念を意識しながら、法を停止させることに現代的な権力の本質を見ようとしたのが米国の哲学者ジュディス・バトラーだ。彼女が分析したのはキューバ東部グアンタナモ湾の米海軍基地内にある収容所で、法律ではなく、ジョージ・ブッシュ（子）の大統領令により二〇〇二年に設置された。アフガニスタンなどで拘束されたテロ容疑者が無期限に拘束されている。バラク・オバマ前大統領は二〇〇九年にグアンタナモ収容所を閉鎖する大統領令に署名したが、結局は現在まで続く。バトラーは「無期限勾留こそ超法規的な国家権力の無期限な行使のための条件」だと述べ、裁判（司法審査）なしの無期限拘束に権力の恣意性を読み取った。そして、彼女がそれ以上に批判したのは、行政庁が拘束の是非を判断することだった。

「誰かを勾留するのかしないのか、勾留し続けていいのか悪いのか、それを決定するのは政府の役人で、彼らは国民に選ばれたわけでもなく、司法当局の成員ですらない。誰かを危険であると「認定」し、危険な存在として効果的に構築する権力こそが主権の正体なのである。主権とは自己正当化のメカニズムそのものを通して戦術として生み出されるものだ」（『生のあやうさ――哀悼と暴力の政治学』）

大統領令一つで既存の法律が停止され、何の責任も負わない役人・官僚が人間の身体拘束の是非を判断する。バトラーは「「ならず者」権力」とも「ちっぽけな主権者」とも揶揄しながら、「国家主権は管理を旨とする「役人」の権力として出現する」と現代的な国家権力の本質を指摘した。「現代の主権は権力の分立をなきものにしたいという攻撃的なノスタルジアに動かされている」と非難し、「人権という普遍的な概念を努力して適用し続けることができるか否かによって、私たちの人間性そのものが試されるのだ」と訴えた。

バトラーの「国民に選ばれたわけでもなく」という問題意識は「政府の行政部門か官僚だけに、正当性が明確に担保されないまま独占されている」とも言い換えられており、公開性の問題と密接に関係している。一八世紀の啓蒙主義が絶対主義時代の官房政治に秘密を取り除くよう攻撃し始めたところに政治の公開性の原点があると考えられている（大竹弘二『公開性の根源』）。一七八九年のフランス革命以後、公開性は国民主権の名の下、政治の原則になる。フランスの革命政府は一七九〇年に国立公文書館を整備、一七九四年には公文書制度に関し、法整備した。近代国家にとって国民の平等が大原則となり、公開性の意義が重要になった証左でもある。フランス革命に影響を受けたプロイセンの哲学者イマヌエル・カントは公平性を担保する条件として公開性の意義を説いた。

「公開性なしにはいかなる正義もあり得ないし、いかなる法もなくなるからだ（法というものは、正義だけによって与えられるからだ）」（『永遠平和のために』）。

公開性の目的は恣意性の排除であり、他者のまなざしが公平性、平等性を担保するという考えである。だが、民主主義を発展させた欧州諸国にあっても、植民地は例外だった。

英国の帝国主義支配に全体主義の萌芽を見たアーレントは法律に基づかない官僚による恣意的な支配を批判する。「彼らに要求されるのは、公開性そのものとその光の中で動くもの全てに対する蔑視である」と植民地官僚の体質を分析、「官僚制もしくは行政手段による支配の技術上の特徴は、合法性、つまり普遍的妥当性をもつ法律の永続性が放棄され、その代わりにそのとき限りの適用を目的として次々に乱発される命令が登場するという点にある」と強調した。カントも立法権と行政権を分離する意義を強調したが、アーレントは植民地支配の中に官僚による恣意的支配の本質を見いだす。それが全体主義につながる点を考えると、公開性の意義は過小評価できない。恣意的な支配が本国ではなく、植民地という「例外状態」で実践された点に主権権力の特徴が看取される。

†入管という「無法」地帯

国家主権と外国人を巡る政治思想を見ると、主権の暴力性は日本の出入国管理行政でも浮かび上がるのが理解できる。収容は無期限の拘束で、決定するのは役人、官僚である。彼らの都合で制度はしばしば変わり、正規在留の外国人が突然、非正規滞在者となり「剝き出しの生」へと投げ出される。ある者は仮放免され、ある者はされない。ある外国人には在留特別許可（在特）が出され、ある外国人は非正規のまま。その理由は「国家主権」を理由に公開されない。

入管施設の収容を経験した外国人の多くは「あそこは無法地帯だった」と話す。一方で、入管庁は「法に従い適切に運営している」と強調する。この相反する主張は単に、拘束する者・される者という主観に基づく対立ではなく、俯瞰して眺めると、どちらの主張も正しいという入管施設の特質に気がつく。法律の規定がほとんどないのである。

入管施設の運営を規定する入管難民法は六一条で「被収容者の処遇」を定める。「保安上支障がない範囲内においてできる限りの自由が与えられなければならない」とした上で、寝具を貸与し食事を与えると規定、当局は必要に応じて身体や所持品の検査、通信の禁止や制限ができるとしている。そのほかは「法務省令で定める」とし、具体的なルール設定を事実上、役人や官僚に白紙委任している。省令である被収容者処遇規則や各施設の処遇細則が起床時間や面会時間といった細かな決まりを定めるが、国会の承認があるわけではなく、役人、官僚が都合よく定めている。法律が規定するほぼ唯一の決まり「できる限りの自由が与えられなければならない」との条文でさえ、現実的には一日五〜六時間程度、狭い居室から出られる程度だ。解釈さえ役人が自由にできる。

　そしてルールに従わなければ、収容者には「制圧」や「隔離」が待ち構えており、ここに肥大化する「主権権力」を見るのは難しくはない。制圧や隔離でさえ、法律による規定ではない。一般社会で「指示に従わない」という理由で相手を制圧すれば、刑事罰が科されるが、入管施設では認められる。法律ではなく、その下位に位置づけられる省令が事実上全てを決めることで法は宙吊りとなり、収容者は「剝き出しの生」に置かれる。アガンベンの言葉に従えば、生殺与奪権を握られる。現に、入管施設では全てが当局の責任とは言えないが、二〇〇七年以降一五人が死亡している。その意味では、収容所は「無法地帯」でもあり「法令に従っている」場でもある。そんな「例外状態」が日本各地に存在する。

　公開性を巡っても、入管施設は「プライバシー」「保安上の理由」を盾に頑なに情報開示を拒む。「制圧」事件の報告書を通常どおり開示請求しても、真っ黒な文書が出されるだけである。取材に対しても、「個別事案への回答は差し控える」が常套句だ。入管当局は「法令に従って適切に対応している」と繰り返すが、その言葉は公開性があって初めて成り立つ。

　日本の情報開示や公文書制度は欧米諸国と比べ格段に貧弱だが、中でも出入国管理行政の秘密性は極まっている。「外国人の出入国に関する処分については、国家主権に基づき国家が決定できる」として、行政手続法の適用除外とされ、開示される情報は極端に少ない。在特に関しても、理由の非開示は「国家主権」に関わるためだからという。しかし、主権に関わる行為であることと情報非開示との間には、相当の開きがある。行政手続きの公平性から言えば、日本人と外国人で異なる対応を取る理由は通常、見当たらない。第四章でも取り上げたが、非正規滞在の子どもに対する在特の不許可処分で、「主権」に関わるためその処分理由を開示しないという説明に合理性があるのかどうかは疑わしい。弁護士の髙橋済は「主権を理由に都合よく非開示にしているとしか考えられません。決定過程が不透明で、批判に耐えられないのを恐れているのでしょう」と秘密主義を批判する。

ユダヤ人大量虐殺（ホロコースト）という悲劇を経て、アーレントが難民や無国籍者の存在から国民国家の矛盾を暴露し『全体主義の起原』を発表したのが一九五一年。それから約七〇年が経過し、その矛盾は現在、経済のグローバル化、移民・難民の国際移動により、さらに大きくなり国民国家に突きつけられている。無期限収容という「例外状態」に何の疑問も抱かない日本の「主権」に集まる官僚や役人、そして彼らを下支えする有識者にこそ、アーレントの問いは投げ掛けられている。求められているのは出入国管理行政の民主化であり、それを担保するための公開性である。

二〇一九年末に中国・武漢で発生した新型コロナウイルスは全世界へと拡散し、各国政府は感染拡大防止のため、程度の差はあれ住民に外出規制を課したほか、国境を閉じ外国人の入国を規制した。コロナ危機は貧困や格差の拡大といった従来から続く不健全な社会構造を可視化し、当たり前に受け入れてきた多くの事象の非合理性を見せつけた。社会構造の転換が迫られる中、何が本当に必要なのかを改めて突きつけている。

コロナ危機の特徴は、全ての人が感染しうるという平等性・無差別性と社会的な脆弱度に応じて感染するリスクに差があるという不平等性・差別性にある。そして、経済的に困窮し医療へのアクセスを事実上制限された社会的基盤が脆弱な人々が感染すれば、その速度は速まり社会全体に影響が広がる。社会的排除は解決策にはならず、結果として社会的な連帯のみが唯一の解決手段となる。本書で見てきた非正規滞在者は当局からは排除の対象とされるが、入管当局が「我が国には好ましくない外国人」と断定し、社会の周辺へと追いやっても、現に日本で暮らしている以上──入管施設の中か外かは問わない──、排除するだけでは解決にはつながらず、社会的包摂のみが社会全体を救済することになる。

中国からアジア、欧州、そして米州へと感染が拡大する中で、国連機関は各国政府に移住者の入管収容をやめるべきだと強く訴えた。国連人権高等弁務官事務所（OHCHR）と世界保健機関（WHO）は二〇二〇年三月二〇日、拘束下にある人々の対応をまとめた手引きを発表、

「当局は国際法に則って入管施設での外国人の収容をやめ、代替措置を直ちに取らなければならない」と求めている。各国政府が密接、密閉、密集の三条件がウイルス感染にとってリスクが高いとして国民に避けるよう求める一方、狭い部屋で集団生活を送る収容者をそのまま放置するのは整合性が取れないためだ。

ＵＮＨＣＲや国連児童基金（ＵＮＩＣＥＦ）でつくる国連移住ネットワークも入管収容に関する声明を発表、「入管収容は収容者や職員、その家族、そしてコミュニティの全ての人々にとって感染リスクを高める」とした上で、即時解放と住居のない収容者に対し、シェルターやホテルを用意するよう強く要請した。

だが、欧米諸国や日本をはじめ各国政府の行動は遅かった。人権団体や弁護士らが二〇二〇年三月以降、繰り返し入管施設の即時閉鎖を求めたが、徐々に収容人数を減らすという対応を取り、即時閉鎖を拒否した。深刻な事態となったのは感染者が世界最多となった米国だった。トランプ大統領による三月一三日の国家非常事態宣言後も、米移民・税関捜査局（ＩＣＥ）は収容を続け、ようやく四月六日に収容人数を定員の七〇％まで減らすと発表した（その後七五％に変更）が、感染者の確認が相次いだ。五月六日には西部サンディエゴの入管施設でエルサルバドル人男性（五七）が死亡。全収容者数が全米で約三万人（四月二五日時点）に上るという大規模な入管収容制度を運用する米国だが、感染確認された収容者は五月三一日時点で七五四人、収容者と接触する職員の感染も三九人となった（五月五日時点）。

米テレビ、NBCベイエリアは五月一四日、西部ベーカーズフィールド近郊の入管施設の収容者を報道した。一〇〇人が五個の石けんを共有、六〇～九〇センチ間隔で並ぶ二段ベッドで寝起きしているといい、収容者の一人、チャールズ・ジョゼフはタブレットを通じ、「職員は手袋もマスクもせずに出入りする。ソーシャル・ディスタンス（社会的距離）を取るのは不可能で、収容は死刑宣告のようなものだ」と悲痛の叫びを映像で訴えた。

フランスでも、入管施設でウイルス感染者が確認されている。パリ東部ヴァンセンヌの入管施設でジョージア（グルジア）人男性（六五）の感染が判明したのは四月九日だった。死者は出ていないが、その後も数人の感染が確認された。複数の外国人支援団体が入管施設を閉鎖するよう仮処分を申し立てたが、国務院（Conseil d'État）は三月二七日に却下している。「全国二六施設の収容定員は一八〇〇人で、三月二六日時点で一五二人しかいない。衛生管理をきちんとすれば、入管施設は機能する」と判断した。その後、感染者が出た事態を考えると、国務院の判断の是非は問われそうだ。

感染者が確認された数日後の四月一一日には、パリ郊外メニルアムロの入管施設で収容に対する抗議活動が発生した。フランス紙『ル・パリジャン』によれば、収容者八人が居室のマットレスを廊下に投げつけ「ここでは寝たくない」と意思表示したところ、盾と警棒で武装した機動隊が駆けつけ制圧、手錠をかけ連行したという。

「全ての国境が閉じられ、強制送還ができない状況では、収容する理由がありません」と指摘するのは外国人支援団体「シマド（La Cimade）」代表のクリストフ・デルトンブ。「（送還のために収容するという）法の趣旨から逸脱しています」とし、「ウイルスはフランス人や外国人、さらには外国人の法的立場を区別しません。働く職員も不安のはずです」と強調した。

日本の入管庁の対応は米国やフランスと同様だった。仮放免者を増やすことで収容人数を減らすという方針で、入管庁によると、二〇二〇年三月末時点で一一〇四人だった全国の収容者数は四月末には九一四人にまで減少、六月末には五一九人となった。仮放免者は増加しており、入管施設の密集状態を解消する動きは確かに存在する。だが、問題は誰を解放し、誰を拘束し続けるのか、基準が明らかにされないため収容の続く外国人の精神的不安が余計に高まったことだった。入管庁は四月二四日から五月二六日まで、緊急事態宣言の出された地域の入管施設で弁護士らを除き一般面会を禁止、収容者の孤独感も深まった。「自分にはなぜ仮放免が出ないのか」「いつ感染してもおかしくない」。そんな不安の声が広がった。

東京入管では四月二五日、仮放免を許可されない女性らが「GIVE US FREEDOM（解放して）」と紙やTシャツに書いて抗議、自由時間が過ぎても居室に戻らず、ロビーにいたところ、多数の職員が制圧する事件が発生した。入管庁は「プライバシー」「保安上の理由」を盾に詳細を語らないが、制圧を受けたネパール人、グルング・バビタらは「男性職員ら盾を持った数十人に制圧された」と面会した筆者に説明した。

国連機関からの呼びかけを事実上無視し、米国、フランス、日本で、各国当局が同じように対応し、同じような事件が発生している点に驚きを覚える。日本では、法務省が二〇二〇年八月七日、東京入管に収容中の男性の感染が確認されたと発表した。

法務省は四月上旬に二〇二〇年度の補正予算案を発表、入管施設の感染症対策として一億六〇〇〇万円を計上した。サーモカメラや消毒液噴霧器、防護服の整備をするという名目だが、国連からの要請にもかかわらず、コロナ危機でも入管収容政策を維持するとの意思を表明した形となった。

一方、コロナ危機下の非正規滞在者を巡り、欧州では、滞在の正規化が話題になった。先鞭を付けたのはポルトガルだった。同国の社会党コスタ政権は二〇二〇年三月下旬、在留資格を求める全ての非正規滞在者に一時的な滞在許可を出すと明らかにした。内務省の報道官はロイター通信に「どんな人であっても健康や公的サービスへの権利を奪われるべきではない。緊急事態にあっては移住者の権利も保障されなければならない」と、その理由を語っている。

この動きが波及したのがイタリアだ。コンテ政権は五月中旬、一部の非正規滞在者の正規化を発表した。対象は農林水産業と介護、家事労働の従事者で、一〇万～三〇万人と見積もられている。コロナ危機による物流の遮断で懸念の広がる食料不足対策も念頭に置いているようだ。滞在の正規化で病院を受診しやすくし、外国人労働者から感染が社会全体に広がるという公衆衛生上の懸念を払拭する狙いもあるという。

またフランスでは、上下両院の超党派議員一〇四人（全議員数は九二五人）が四月一二日、非正規滞在者の正規化を求める公開書簡をエドゥアール・フィリップ首相（当時）に提出した。書簡は「危機の時代にあって、人々の立場にかかわらず団結する社会が必要だ」と指摘し、ポルトガル政府と同様の措置を取るよう求めると強調する。フランス紙『ラ・クロワ』が五月四日、「不可視だが必要不可欠なサン＝パピエ（非正規滞在者）」と題した記事を掲載し、外出制限でフランス人が自宅に籠もる中でゴミ収集に従事したマリ出身の非正規滞在者の話を特集するなど、非正規滞在者の正規化で社会の連帯を求める声は広がりつつある。

日本では、日本弁護士連合会が四月中旬に入管収容者に在留特別許可を出すよう求める声明を発表したが、入管庁が検討している様子はない。弁護士の髙橋済は「国際的に移動が制限される中で、国連も在特を出すように求めている。在留資格がないというのは入管当局による線引きの問題で、実体的に彼らが悪いわけではない」と指摘する。コロナ危機により多くの収容者が仮放免されたが、社会秩序が乱れたという話はないとした上で、「入管収容は本当に必要なのかどうかが今改めて問われなければならないし、非正規滞在者と共生するのが本当にだめなのかどうかを考える必要がある。価値の転換が求められている」と話す。

『サピエンス全史』で著名なイスラエルの歴史学者ユヴァル・ノア・ハラリは三月二〇日、英紙『フィナンシャル・タイムズ』に「コロナ後の世界」とのタイトルで寄稿、「この危機は自国第一主義とグローバルな連帯のどちらを選択するのかを問いかけている」と強調した。「われわれが分断を選択すれば、危機が長引くだけでなく、将来にわたり長期間、さらに酷い混乱が続くだろう。もしグローバルな連帯を選んだならば、新型コロナウイルスだけでなく、将来出現する全てのウイルスを克服できるだろう。そして二一世紀に人類を混乱させる危機にも打ち勝つことができるだろう」

グローバルな連帯の前提は各国社会内部での連帯でもある。コロナ危機で社会変容を迫られる中、各国の非正規滞在者対策は、その社会が今後どのような未来を描くかの試金石と言える。排除ではなく包摂を。分断ではなく連帯を。コロナ危機が求めているのは新たな未来像を描く勇気かもしれない。

あとがき

本書は二〇一八～一九年、共同通信で断続的に配信し、主に全国の地方新聞に掲載された入管施設や非正規滞在の外国人に関する数十本の記事を基にしている。当事者の声を詳しく盛り込み、加筆修正した上で、諸外国の制度や国際条約、日本の出入国管理や難民受け入れの歴史を検討し、現在の日本における入管収容制度を多面的に分析したつもりである。なお、本文で表記した年齢や肩書は取材時のままとし、敬称を省略した。

筆者は二〇一五年春から二〇一七年春にかけて共同通信の特派員としてエジプトの首都カイロで勤務した。担当エリアはトルコからモロッコまでのいわゆる中東・北アフリカ地域で、主な取材テーマはシリア内戦と過激派組織「イスラム国」（IS）。中でも、筆者が関心を持ったのはシリアやイラクから各地に避難した難民で、両国に加えトルコやヨルダンのほか、ギリシャやドイツ、フランス、オランダにも出かけ、取材を重ねた。

日本に逃れてきた難民たちはどんな暮らしをしているのだろう。帰国後、気になって仕方がなくなり、取材を始めた。そんな中で、早稲田大学（東京都新宿区）で開かれたクルド人に関するシンポジウムに参加したときに知り合ったのが、本書でも度々登場する港町診療所（横浜市）の内科医、山村淳平氏だった。山村氏はバングラデシュやコンゴ民主共和国の難民キャンプで医療支援に携わった経験を機に、日本に暮らす難民や非正規滞在者の無料医療相談を続けている。二〇〇二年から毎月一回、東日本入国管理センター（茨城県牛久市）に通い収容者と面会、医療者の目から入管問題を告発する。最近は入管施設だけでなく、日本の外国人労働者問題の短編映画も制作する映像作家の顔も合わせ持っている。

そんな山村氏の面会に同行する形で筆者の入管取材は始まった。二〇一七年秋である。最初に面会したのはパキスタン人だった。車いす姿で面会室に現れた彼は二年半で八〇キロの体重が三五キロ減ったといい、難民申請が認められないと嘆いた。「日本に逃れてきた難民たちはどんな暮らしをしているのだろう」という問いの答えがここにあった。彼のやせ細った身体は衝撃的で、ここで何か大変なことが起きているに違いないと確信した。以来、山村氏に同行するほか、一人でも通うようになった。山村氏は入管施設や強制送還の歴史、仮放免者の問題まで、素人だった筆者に多くの知識や考え方を惜しみなく教示してくれた。山村氏との出会いがなければ、本書はもとより取材そのものができなかった。また、本書に登場していただいた弁護士や大学の先生方からも国際条約や憲法、出入国管理の歴史まで幅広く教えていただいた。改めてお礼申し上げる。

多くのNGOや市民団体、いわゆる支援者の方々にも出会った。入管施設に面会に行き、収容者の話に耳を傾ける。収容者を仮放免するよう署名活動する。収容者が仮放免されれば病院に同行する。彼ら彼女らの活動が社会から隔絶された外国人にどれだけ生きる希望を与えているのかを取材の中で感じた。そして筆者の取材自体も外国人と信頼関係を結んでいるこうした支援者の方たちに大きく依拠している。彼ら彼女らの紹介がなければ取材に応じてくれなかった外国人はどれだけいただろう。感謝してもしきれない。全員の名前は挙げられないが、本書で触れた方たち以外にも、特に松澤秀延、伊志嶺廣、片野正房、加藤丈太郎、周香織、大迫こずえ、宮廻満、岩田賢司、藤本伸樹、川田邦弘の各氏、石川えり代表はじめ、難民支援協会の方々にこの場を借りて感謝申し上げる。

そして何より取材に応じ、時にはトラウマ体験まで語ってくれた当事者である非正規滞在の外国人の方々に深謝したい。入管当局は彼らを「不法滞在者」と表現するが、犯罪者ではない上、日本社会の構成員であるという事実に照らし、本書では「非正規滞在者」と表記した。

入管施設に足を運ぶと、筆者が常に思い出すのはあるハンセン病元患者だった。二〇〇六年に共同通信に入社した筆者は初任地で前橋支局に赴任、群馬県草津町にある国立療養所栗生楽泉園によく通った。すでに鬼籍に入ったが、元患者の鈴木幸次氏が語るハンセン病を巡る歴史を聞くためである。一九三八~四七年に使われた患者の監禁施設「重監房」。当時食事の配給係として足を踏み入れた鈴木氏によると、コンクリートで作られ高さ四メートル。中には独居房が八つあった。真冬には氷点下二〇度まで気温は下がり、積雪は深かったが、暖房はなかった。

隔離された患者たちの反発や逃走を押さえ込むため、政府は全国のハンセン病隔離施設の長に懲戒権限を付与、施設のルールを守らない患者を懲罰として全国から重監房に送り込んだ。一四人が〝獄死〟し、八人が出所後に死亡したとされるが、鈴木氏は「そんな数ではない」と言下に否定した。「人間に対する扱いじゃねぇよ」。そう憤った鈴木氏は重監房に入れられた患者が風呂に入るのを目撃したといい、「おばけだった。やせすぎて浮いてくるから職員が湯に押し込んでいた」と振り返った。取材中に鈴木氏の頬を伝った涙が筆者の記憶に刻まれている。

秩序維持を名目に力尽くで患者たちを押さえつけたハンセン病隔離施設の父権主義は自分が今、目にしている入管施設のあり方と同じではないのか。収容者から制圧や隔離措置(懲罰)、監禁の話を聞く度に、鈴木氏の顔が浮かび、その思いは増していく。一九九六年まで続いたハンセン病元患者の隔離措置を巡り、鈴木氏は筆者にこう言った。「熊本地裁判決(二〇〇一年)まで社会もマスコミもハンセン病に無関心だったよ」

入管施設は密室なだけに取材は常に難航を極めた。入管当局に取材をしても、多くの場合は「個別事案には答えられない」「保安上の理由で答えられない」「プライバシーに関わり答えられない」との回答で終わり。本文でも触れたが、通常の情報公開制度を利用し、公文書を求めても開示される文書はほぼ全てが黒塗りで、必要な情報は得られない。記事にしたくても、十分な裏付けが取れずに諦めた話はかなりある。別の手法で内部の公文書入手を試み、ウラを取れた部分で新聞記事にしてきたが、「秘密主義」の厚い壁の前に何度も涙をのんだ。入管施設の内部、あるいは入管当局の判断過程に迫り切れていないのは筆者の力量不足である。だが、かたくなな情報非開示の姿勢に、この国は果たして民主主義国家なのかという疑問さえ湧いている。民主主義とは公平性、平等性を原則にしており、それを担保するのが透明性、公開性である。その意味では、入管問題とは民主主義の問題でもある。

共同通信の諸先輩や同僚からも有形無形の支援、指導を受けている。中でも、本書の核となる取材を重ねていたときに所属した特別報道室で、担当デスクだった澤康臣氏（現・専修大学教授）には、特に感謝したい。澤氏はニューヨーク特派員の経験もあり、米国のメディア業界や公文書開示制度に明るい。日米の情報公開の差異、官僚機構や権力者とメディアとの関係の差異など、記事の手直しにとどまらない多くのことを学ばせていただいた（詳しくは澤氏の著書『グローバル・ジャーナリズム——国際スクープの舞台裏』を参照）。成熟した民主主義社会で、国家権力とメディアとの関係はどうあるべきか？　国家の情報公開のあるべき姿とは？　入管施設の取材の過程で、「入管問題とは民主主義の問題ではないか」と感じた背景には、澤氏との度重なる議論――多くは筆者が一方的に教えていただいたのだが――があった。

森友学園、加計学園、桜を見る会、そして検事総長の定年延長問題。安倍政権を揺るがした問題に共通するのは公平性や透明性に関わる問題だ。多くの市民が反発したのは、これらが守られなければ、社会の秩序が揺らぐと感じたからである。しかし、入管問題を取材していると、不思議な感覚に陥る。恣意的で、不公平、不透明な決定は全部、入管当局が日常的に実施していることではないか。外国人は日々、不条理の世界に投げ込まれている。「ガイドラインを発表していますが、基準ではありません」「総合的に判断した結果です」。こうした説明で納得する人はいないだろう。だが、それがまかり通る世界がこの国の一部に存在している。

筆者に本書の出版を勧めてくれたのは学生時代の恩師、一橋大学大学院経済学研究科の大月康弘教授だった。大月教授はビザンツ帝国や中世ヨーロッパの研究者で、歴史研究のみならず文明史的観点から現代の移民・難民をも考察されている。大学院修了後一五年近くが経過するが、変わらずご指導いただけるのは望外の喜びである。改めて感謝したい。最後に、出版にご快諾下さったちくま新書編集長の松田健氏、本書を担当して下さった藤岡美玲氏にお礼申し上げる。

本書が、多くの市民が入管問題を考えるひとつのきっかけになれば幸いである。そして一日でも早く、無期限の長期収容が終了する日を願ってやまない。

二〇二〇年　八月

平野雄吾

主要参考文献

明石純一『入国管理政策――「1990年体制」の成立と展開』(ナカニシヤ出版、二〇一〇年)
アジア福祉教育財団難民事業本部『大村難民一時レセプションセンター13年史』(一九九五年)
新井信之『外国人の退去強制と合衆国憲法――国家主権の法理論』(有信堂高文社、二〇〇八年)
有馬みき「難民認定における出身国情報」『難民研究ジャーナル』三号(二〇一三年)
池上努『法的地位200の質問』(京文社、一九六五年)
石川えり「難民政策の推移――NGOから見た10年間」『移民政策研究』一号(二〇〇九年)
泉徳治「マクリーン事件最高裁判決の枠組みの再考」『自由と正義』六二巻二号(二〇一一年)
泉徳治「統治構造において司法権が果たすべき役割――マクリーン判決の間違い箇所」『判例時報』二四三四号(二〇二〇年)
稲葉奈々子、樋口直人「イラン人来日の背景と経緯――出稼ぎイラン人の軌跡・渡日編」『茨城大学人文学部紀要』一九号(二〇〇六年)
稲葉奈々子「フランスにおけるアムネスティの変遷――対象カテゴリーからの検討」法務省入国管理局委託研究報告書『国際移動の新動向と外国人政策の課題――各国における現状と取り組み』(二〇〇一年)
今井宏平『トルコ現代史』(中公新書、二〇一七年)
イマヌエル・カント(中山元訳)『永遠平和のために/啓蒙とは何か 他3編』(光文社古典新訳文庫、二〇〇六年)
移民政策学会設立10周年記念論集刊行委員会編『移民政策のフロンティア――日本の歩みと課題を問い直

す』（明石書店、二〇一八年）
大竹弘二『公開性の根源――秘密政治の系譜学』（太田出版、二〇一八年）
大沼保昭『〔新版〕単一民族社会の神話を超えて――在日韓国・朝鮮人と出入国管理体制』（東信堂、一九九三年）
大橋毅、児玉晃一「「全件収容主義」は誤りである」『移民政策研究』一号（二〇〇九年）
大家重夫『シリア難民とインドシナ難民――インドシナ難民受入事業の思い出』（青山社、二〇一七年）
小熊英二『単一民族神話の起源――〈日本人〉の自画像の系譜』（新曜社、一九九五年）
織田朝日『となりの難民――日本が認めない99％の人たちのSOS』（旬報社、二〇一九年）
小坂田裕子「入管収容の現在――企画趣旨説明も兼ねて」『法律時報』九二巻二号（二〇二〇年）
樫田秀樹「ルポ　人権非常事態――死に追いやられる難民申請者」『世界』二〇一九年一二月号（岩波書店）
勝又郁子『クルド・国なき民族のいま』（新評論、二〇〇一年）
加藤丈太郎「アメリカにおける非正規移民1・5世をめぐる政治と市民社会」万城目正雄、川村千鶴子編著『新しい多文化社会論――共に拓く共創・協働の時代』（東海大学出版部、二〇二〇年）
「壁の涙」製作実行委員会編『壁の涙――法務省「外国人収容所」の実態』（現代企画室、二〇〇七年）
川崎まな「退去強制事例における家族と子ども――ヨーロッパ人権裁判所の判例を素材として」『北大法政ジャーナル』一八巻（二〇一二年）
カール・シュミット（田中浩、原田武雄訳）『政治神学』（未来社、一九七一年）
北村泰三「入管収容における法の支配と国際人権法――ヨーロッパ諸国間における実践を中心に」『法律時報』九二巻二号（二〇二〇年）

木下洋一「出入国管理システムにおける行政裁量の統制に関する一考察」『神奈川大学大学院法学研究論集』二七号（二〇一九年）
久保亨、瀬畑源『国家と秘密――隠される公文書』（集英社新書、二〇一四年）
小島剛一『トルコのもう一つの顔』（中公新書、一九九一年）
呉泰成「日韓における外国人収容施設の比較検討――長期収容問題を中心に」『大阪経済法科大学アジア太平洋研究センター年報』一六号（二〇一八―二〇一九年）
児玉晃一「まず、人間として迎えよ――難民の置かれた最悪の人権状況とその打破のために」『世界』二〇一九年一二月号（岩波書店）
児玉晃一「恣意的拘禁と入管収容」『法学セミナー』六五巻二号（二〇二〇年）
小林康夫、松浦寿輝、石田英敬編『フーコー・コレクション6　生政治・統治』（ちくま学芸文庫、二〇〇六年）
駒井知会「人間を壊す入管収容政策」『法学セミナー』六五巻二号（二〇二〇年）
近藤敦、塩原良和、鈴木江理子編著『非正規滞在者と在留特別許可――移住者たちの過去・現在・未来』（日本評論社、二〇一〇年）
近藤敦『多文化共生と人権――諸外国の「移民」と日本の「外国人」』（明石書店、二〇一九年）
坂中英徳「出入国管理行政から見た外国人労働者問題」『国際人権』四号（一九九三年）
ジェームス・C・ハサウェイ（平野裕二、鈴木雅子訳）『難民の地位に関する法』（現代人文社、二〇〇八年）
ジュディス・バトラー（本橋哲也訳）『生のあやうさ――哀悼と暴力の政治学』（以文社、二〇〇七年）
ジョルジョ・アガンベン（高桑和巳訳）『人権の彼方に――政治哲学ノート』（以文社、二〇〇〇年）

ジョルジョ・アガンベン（高桑和巳訳）『ホモ・サケル——主権権力と剝き出しの生』（以文社、二〇〇七年）
杉本大輔「日本における難民訴訟の成果と課題」『難民研究ジャーナル』二号（二〇一二年）
鈴木江理子『日本で働く非正規滞在者——彼らは「好ましくない外国人労働者」なのか？』（明石書店、二〇〇九年）
髙橋済「我が国の出入国管理及び難民認定法の沿革に関する一考察」『中央ロージャーナル』一二巻四号（二〇一六年）
髙谷幸「「不法滞在者」とは誰か？」『社会システム研究』九号（二〇〇六年）
髙谷幸『追放と抵抗のポリティクス——戦後日本の境界と非正規移民』（ナカニシヤ出版、二〇一七年）
髙谷幸「「外国人労働者」から「不法滞在者」へ——1980年代以降の日本における非正規滞在者をめぐるカテゴリーの変遷とその帰結」『社会学評論』六八巻四号（二〇一八年）
髙谷幸「「剝き出しの生」への縮減に抗して——非正規移民の生の保障をめぐる人権と人道」『現代思想』二〇一九年四月号（青土社）
髙谷幸編著『移民政策とは何か——日本の現実から考える』（人文書院、二〇一九年）
田中喜美子「入管収容施設の人権侵害を許さない——牛久入管への面会行動を続けて25年」『序局』一九号（二〇一八年）
田中宏『在日外国人——法の壁、心の溝　第三版』（岩波新書、二〇一三年）
テッサ・モーリス＝スズキ（伊藤茂訳）「冷戦と戦後入管体制の形成」『前夜』第1期（3）（二〇〇五年）
鴇沢哲雄『日本で生きるクルド人』（ぶなのもり、二〇一九年）
中澤俊輔『治安維持法——なぜ政党政治は「悪法」を生んだか』（中公新書、二〇一二年）

南波慧「EU国境地域における〈境域〉のポリティクス――欧州移民規制レジームの構築とチュニジア人難民」『境界研究』七号（二〇一七年）
西山隆行『移民大国アメリカ』（ちくま新書、二〇一六年）
日本国際問題研究所「グローバル戦略課題としての中東――2030年の見通しと対応」（二〇一四年）
入管問題調査会編『密室の人権侵害――入国管理局収容施設の実態』（現代人文社、一九九六年）
入管問題調査会編『入管収容施設――スウェーデン、オーストリア、連合王国、そして日本』（現代人文社、二〇〇一年）
墓田桂『難民問題――イスラム圏の動揺、EUの苦悩、日本の課題』（中公新書、二〇一六年）
朴正功『大村収容所』（京都大学出版会、一九六九年）
ハンナ・アーレント（大島通義、大島かおり訳）『新版　全体主義の起原2――帝国主義』（みすず書房、二〇一七年）
ハンナ・アーレント（大久保和郎、大島かおり訳）『新版　全体主義の起原3――全体主義』（みすず書房、二〇一七年）
東澤靖「出入国管理手続における収容と視察委員会――人権基準と政策から見た課題」『明治学院大学法科大学院ローレビュー』二〇号（二〇一四年）
平野雄吾「分断と暴力の外国人政策――入管収容施設の実態」『現代思想』二〇一九年四月号（青土社）
法務省入国管理局編『出入国管理とその実態』（大蔵省印刷局、一九六四年）
法務省大村入国者収容所編『大村入国者収容所二十年史』（一九七〇年）
法務省入国管理局出入国管理法令研究会編『出入国管理法講義』（日本加除出版、一九九五年）
松本光弘「来日外国人に係る犯罪」『警察学論集』四六巻七号（一九九三年）

ミシェル・フーコー（渡辺守章訳）『性の歴史I――知への意志』（新潮社、一九八六年）
森千香子、エレン・ルバイ編『国境政策のパラドクス』（勁草書房、二〇一四年）
山村淳平『難民への旅』（現代企画室、二〇一〇年）
山村淳平「チャーター機による大量強制送還の実態――法務省入国管理局のオウンゴール」『移民政策研究』六号（二〇一四年）
山村淳平、陳天璽『移民がやってきた――アジアの少数民族、日本での物語』（現代人文社、二〇一九年）
レイ・ベントゥーラ（松本剛史訳）『ぼくはいつも隠れていた――フィリピン人学生不法就労記』（草思社、一九九三年）
渡戸一郎、鈴木江理子、A.P.F.S.『在留特別許可と日本の移民政策』（明石書店、二〇〇七年）
渡邊彰悟、大橋毅、関聡介、児玉晃一編『日本における難民訴訟の発展と現在――伊藤和夫弁護士在職50周年祝賀論文集』（現代人文社、二〇一〇年）
「自由なく〝刑期〟なく灰色の日々」『サンデー毎日』一九七七年八月二八日号（毎日新聞出版）
「英国視察報告書」（日弁連法務研究財団、二〇一三年一二月）
「英国視察報告書（2）」（日弁連法務研究財団、二〇一五年三月）
その他、『判例タイムズ』『法律時報』『出入国管理』のほか、東京新聞や毎日新聞、朝日新聞、共同通信、ロイター通信、AFP通信、英紙ガーディアン、米紙ニューヨーク・タイムズ、仏紙ラ・クロワ、ル・パリジャン、ル・モンドなどの記事を参照した。

ちくま新書
1521

ルポ 入管《にゅうかん》
――絶望《ぜつぼう》の外国人収容施設《がいこくじんしゅうようしせつ》

二〇二〇年一〇月一〇日 第一刷発行

著者 平野雄吾（ひらの・ゆうご）

発行者 喜入冬子

発行所 株式会社 筑摩書房
東京都台東区蔵前二‐五‐三 郵便番号一一一‐八七五五
電話番号〇三‐五六八七‐二六〇一（代表）

装幀者 間村俊一

印刷・製本 株式会社 精興社

ISBN978-4-480-07346-4 C0236

ちくま新書

1496
ルポ 技能実習生
澤田晃宏
どのように日本へやってきたか。なぜ失踪者が出るのか。働く彼らの夢や目標と帰国後の生活とは。国際的な人材獲得合戦を取材して、見えてきた労働市場の真実。

1240
あやつられる難民 ――政府、国連、NGOのはざまで
米川正子
いま世界の難民は国連と各国政府、人道支援団体の間で翻弄されている。難民本位の支援はなぜ実現しないのか。アフリカ現地での支援経験を踏まえ、批判的に報告する。

1253
ドキュメント 日本会議
藤生明
国内最大の右派・保守運動と言われる「日本会議」。改憲勢力の枢要な位置を占め、国政にも関与してきた。謎めいたこの組織を徹底取材、その実像に鋭く迫る！

1355
日本が壊れていく ――幼稚な政治、ウソまみれの国
斎藤貴男
「モリ・カケ」問題、官僚の「忖度」、大臣の舌禍事件……。政治の信頼を大きく損ねる事件が、なぜこれほど続くのか？ 日本の政治が劣化した真因を考える。

1488
令和日本の敗戦 ――虚構の経済と蹂躙の政治を暴く
田崎基
安倍長期政権の末路ここにあり。崩壊寸前のこの国はやがて「令和の敗戦」を迎える。経済政策の虚構、疲弊する労働者、権力の暴走と欺瞞を気鋭の記者が迫真ルポ。

1366
武器としての情報公開 ――権力の「手の内」を見抜く
日下部聡
石原都知事（当時）の乱費や安保法制での憲法解釈の変更など公的な問題に情報公開制度を使って肉薄した毎日新聞記者が、その舞台裏を描き、制度の使い方を説く！

1416
ハンナ・アーレント ――屹立する思考の全貌
森分大輔
激動の現代史において全体主義や悪と対峙し続けたユダヤ人思想家・アーレント。その思索の全貌を、哲学・政治・思想の各視点から七つの主著を精読し明らかにする。

ちくま新書

ちくま新書

1229 アレント入門　中山元
生涯、全体主義に対峙し、悪を考察した思想家ハンナ・アレント。その思索の本質を『全体主義の起原』『イェルサレムのアイヒマン』などの主著を通して解き明かす。

029 カント入門　石川文康
哲学史上不朽の遺産『純粋理性批判』を中心に、その哲学の核心を平明に読み解くとともに、哲学者の内面のドラマに迫り、現代に甦る生き生きとしたカント像を描く。

482 哲学マップ　貫成人
難解かつ広大な「哲学」の世界に踏み込むにはどうしても地図が必要だ。各思想のエッセンスと思想間のつながりを押さえて古今東西の思索を鮮やかに一望する。

666 高校生のための哲学入門　長谷川宏
どんなふうにして私たちの社会はここまできたのか。「知」の在り処はどこか。ヘーゲルの翻訳で知られる著者が、自身の思考の軌跡を踏まえて書き下ろす待望の書。

1083 ヨーロッパ思想を読み解く――何が近代科学を生んだか　古田博司
なぜ西洋にのみ科学的思考が発達したのか。その秘密をカント、ニーチェ、ハイデガーらに探り、西洋独特の思考パターンを対話形式で読み解く。異色の思想史入門。

1281 死刑　その哲学的考察　萱野稔人
死刑の存否をめぐり、鋭く意見が対立している。「結論ありき」でなく、死刑それ自体を深く考察することで、これまでの論争を根底から刷新する、究極の死刑論！

1241 不平等を考える――政治理論入門　齋藤純一
格差の拡大がこの社会に致命的な分断をもたらしている。不平等の問題を克服するため、どのような制度を共有すべきか。現代を覆う困難にいどむ、政治思想の基本書。